EN VENTE : Rue de la Lune, vaudeville en un acte.

LA FRANCE
DRAMATIQUE
AU DIX-NEUVIÈME SIÈCLE,

Choix de Pièces Modernes.

Gymnase-Dramatique

BERTRAND L'HORLOGER,
COMÉDIE-VAUDEVILLE EN DEUX ACTES.

812-814

PARIS.
C. TRESSE, ÉDITEUR,
ACQUÉREUR DES FONDS DE J.-N. BARBA ET V. BEZOU,
SEUL PROPRIÉTAIRE DE LA FRANCE DRAMATIQUE,
PALAIS-ROYAL, GALERIE DE CHARTRES, Nos 2 ET 3,
Derrière le Théâtre-Français.

1843.

LA FRANCIA

DRAMA EN...
ACTOS Y EN...

BERTRAND LOPEZ...

T...
L. LOPEZ EDITOR

1890

BERTRAND L'HORLOGER,

OU

LE PÈRE JOB,

COMÉDIE-VAUDEVILLE EN DEUX ACTES,
PAR M. JULES DE PRÉMARAY,

Représentée pour la première fois, à Paris, sur le théâtre du Gymnase-Dramatique, le 2 mars 1843.

DISTRIBUTION DE LA PIÈCE.

JOB BERTRAND, sous le nom du père Job, au 1er acte............	MM. BOUFFÉ.
LE COMTE URBAIN DE MORELLI, sous le nom de Gervais au 1er acte.	PASTELOT.
MARIANNE, fille de Job.......................................	Mlles NATHALIE.
BRIGITTE, vieille gouvernante................................	JULLIENNE.
GEORGETTE, jeune villageoise.................................	VALLÉE.
MATHIAS, son prétendu.......................................	M. SYLVESTRE.

La scène se passe au premier acte, dans le Jura, sur les frontières de la Suisse. Au deuxième, dans un vieux château, situé aux environs de Poligny.

ACTE PREMIER.

L'intérieur d'une pauvre cabane. Au fond une horloge en bois; à côté, une fenêtre, ouvrant sur la route, et de l'autre côté, la porte d'entrée. A gauche, au premier plan, une cheminée près de laquelle est une table. Au deuxième plan, la porte qui conduit au jardin. A droite, au dernier plan, porte de la chambre de Job. Meubles grossiers.

SCÈNE I.

GEORGETTE, seule à la porte du fond, à moitié sortie et tournée vers la droite du spectateur. Au lever du rideau, on entend au dehors des voix d'enfans riant et criant :
Ah! ah! ah! ah!

GEORGETTE.
Voulez-vous bien vous taire, petits misérables, petits sans cœur ! Je vous demande un peu si ce n'est pas une horreur de poursuivre ainsi de leurs risées un pauvre vieillard si bon !... et que son malheur même doit rendre respectable.

VOIX en dehors.
Ah! ah! ah!...

GEORGETTE.
Encore !... Voulez-vous bien vous en aller !...

Ah! si Mathias était là... Attendez, je vais me plaindre au maire... à M. Duval... Ah! ce nom les effraie... ils s'éloignent... (Fermant la porte.) C'est qu'ils l'auront vu... là... à travers les vitres de sa chambre... Mais tout ça me fait oublier l'essentiel... Voilà mon ouvrage fini... (Elle va à la table.) La mère Simon sera contente, j'espère... et le prix de cette dentelle augmentera encore mes économies... Dam!... une jeune fille qui n'a pas de dot trouve si difficilement un mari... Aussi, je prends mes précautions, et, tout en remplissant ma place auprès du père Job, en le soignant de mon mieux... comme de juste... je travaille un peu pour mon compte, parce qu'enfin on ne sait pas ce qui peut arriver... Oui... mais comment faire pour reporter cet ouvrage à la mère Simon ? (Indiquant la gauche.) Le père Job est là, très occupé, comme de coutume, à raccommoder une montre

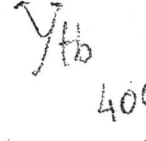

qui va mal, à ce qu'il dit... car elles vont toutes mal, d'après lui... et, dans ce cas-là, rien ne peut le distraire... pas même ces méchans enfans... Mais ce n'est pas une raison pour le laisser seul. M. Gervais m'a bien recommandé... Et Mathias ! Voyez si ce n'est pas comme un fait exprès... jamais, au grand jamais, il n'arrive lorsqu'on a besoin de lui... En vérité, je ne connais pas de garçon plus ennuyeux !...

SCÈNE II.

GEORGETTE, MATHIAS.

MATHIAS, entrant sur les derniers mots.
Pour ça... ni moi non plus je n'en connais pas... Dieux ! que ce garçon-là est ennuyeux !

GEORGETTE.
Quoi ! c'est vous ?

MATHIAS.
Je devine votre pensée... vous dites : Dieu ! que ce garçon-là est ennuyeux... parce que j'arrive trop tard... (Lui donnant un bouquet qu'il tenait caché derrière son dos.) Mais tenez, Georgette, voilà qui me fera pardonner peut-être ?...

GEORGETTE, prenant le bouquet.
Oh ! les jolies fleurs !...

MATHIAS.
Ah ! dam ! ce n'est pas comme les vilaines fleurs jaunes du père Job...

GEORGETTE.
Je crois bien... des pervenches... malgré la neige...

MATHIAS.
Ah ! c'est que pour vous... Et puis en passant par chez M. le maire, nous sommes très liés en semble...

GEORGETTE.
Vous ?

MATHIAS.
Moi et le jardinier de M. le maire... car, vous le savez, le jardinage, c'est ma passion... Oh ! le jardinage, quelle profession amusante !... on voit toutes ces petites graines qui poussent...

AIR du Fleuve de la vie.

C'est l'habitude sur la terre :
Tout pousse, s'élève et grandit...
Les fleurs, la plante potagère,
Les bêt's, comme les gens d'esprit ;
On en voit mêm' qui, sans culture,
Grandiss'nt, je le dis entre nous ;
Et mon amour suit près de vous
L'ordre de la nature !

GEORGETTE.
Ne me parlez donc pas sans cesse de votre amour... ça me fait rougir...

MATHIAS.
Est-elle pudique !...

GEORGETTE.
Vous venez sans doute aussi pour M. Gervais ?...

MATHIAS.
Ça, Georgette, je ne puis vous le dissimuler... à présent, impossible de faire un pas sans ça soye pour M. Gervais... En voilà un d'original, et qui abuse de mes jambes d'une manière inconsidérée... Et puis... c'est qu'il n'y a pas moyen de se faire payer par lui... je fais toutes ses commissions... je reçois toutes ses lettres... j'en ai avancé le port jusqu'à présent... et tout ça gratis... La commune me donne quarante-cinq centimes par jour, en qualité de piéton... mais ce n'est pas avec ça que je peux faire des avances considérables...

GEORGETTE.
Oh ! non...

MATHIAS.
Encore si j'étais piéton... avec un cheval... mais toujours à pied... et dans les chemins les moins uniformes... dans les sentiers du Jura... sur les frontières de la Suisse... Quelles fonctions pénibles !...

GEORGETTE.
C'est vrai... ce pauvre Mathias ! toujours courir !...

MATHIAS.
N'est-ce pas que ça vous semble extraordinaire ?... C'est comme tout ce qui nous entoure, au reste... à commencer par le père Job...

GEORGETTE, souriant.
Mais non... c'est bien simple...

MATHIAS.
Simple !... ça me paraît très compliqué au contraire... Partons d'un point... un vieillard qui vous arrive dans un village, avec un gros sac d'argent sous le bras, et qui le distribue à tout le monde, en veux-tu, en voilà... Je le sais, moi... puisque je me suis trouvé là, par hasard... sur son chemin, et qu'il m'a jeté une pièce de cent sous, que j'ai gardée... pour ne pas l'humilier... Certainement je ne lui en fais pas un reproche... mais nous avons des gendarmes... ils ont le nez très fin, les gendarmes, dans le Jura ; que nous habitons ; un homme qui a de l'argent et qui le donne... c'est contre tous les usages reçus... ça leur a paru louche... et comme l'œil de l'autorité ne l'est pas... louche... voilà qu'ils conduisent notre pauvre vieux chez notre digne maire, M. Duval...

GEORGETTE.
Et dam ! fallait voir comme tout le monde attendait le résultat de l'arrestation... Heureusement M. Duval s'est bien conduit...

MATHIAS.
Oui... il a pris le fond du sac... où il y avait un bon reste... avec quoi il s'est chargé de l'ave-

ACTE I, SCÈNE II.

nir du père Job... Bref, il l'a logé dans cette cabane, où il est sous sa protection... et sous la vôtre, mam'selle Georgette...

GEORGETTE.

Et je le soigne aussi bien qu'il m'est possible...

MATHIAS.

Bien..., oh! très bien!... Mais ce n'est pas tout... Il y a environ trois mois de ça... et voilà, t'y pas que, quinze jours après, il nous tombe au milieu du village un autre original... un jeune, par exemple, de c'te fois, M. Gervais, qui s'informe chez le maire du père Job; qu'il demande d'abord sous un autre nom... Mais on s'explique. et sans dire pourquoi ni comment, le nouveau venu s'installe ici auprès du vieux... Il y couche, il y boit, il y mange... c'est peut-être parce que c'est moins cher?

GEORGETTE.

Qui peut vous faire croire?...

MATHIAS.

Écoutez donc... M. Gervais, avec son costume qui n'annonce pas l'opulence... et son gousset dégarni, qui l'annonce encore moins!... j'en sais quelque chose, moi... et pourtant M. le maire le salue... et l'appelle mon cher monsieur... Vous ne trouvez pas ça compliqué, vous, Georgette?... Allons donc, c'est de la dernière complication...

GEORGETTE.

Dam! sans doute; il y a du mystère là-dessous... Mais à quoi bon nous en occuper?... moi, je ne m'en plains pas... ça m'a valu une place bien douce auprès du père Job, que je suis chargée de surveiller... M. le maire me paie exactement mes gages, et ça aide ma mère, qui n'est pas riche...

MATHIAS.

Oui... mais malgré tout ça, notre mariage se recule au lieu de s'avancer... Quand tout était prêt... votre costume, le bouquet, la couronne...

GEORGETTE.

Parce que vous aviez été sur le point d'entrer chez M. Duval, à la place de son jardinier, qui a manqué mourir...

MATHIAS.

Oui... il a manqué... un ami intime... c'est bien mal de sa part...

GEORGETTE.

Et maintenant ma mère ne veut pas que je sois la femme d'un coureur...

MATHIAS.

Pourtant... quand c'est par état...

GEORGETTE.

Raison de plus... Apprenez un autre métier... faites des horloges... tout le pays ne fait que ça... Depuis Moret jusqu'à Genève, on ne voit que des fabriques de mouvemens...

MATHIAS.

Merci... ce n'est pas la peine de changer; je m'en donne assez de mouvement... Et puis le père Job m'a dégoûté de la profession... car on prétend que c'est un ancien fabricant d'horloges ruiné... Hein? ruiné!... Voilà où ça peut conduire le mouvement...

GEORGETTE.

Sait-on ce qu'il était le père Job?... parce qu'il a la manie d'arranger toutes les montres et toutes les pendules qu'il touche...

MATHIAS.

Vous voulez dire qu'il a la manie de les déranger... Sous prétexte qu'elles avancent... il veut les mettre à l'heure, les faire marcher, et crac... il les arrête.. C'est au point que s'il pouvait atteindre ce cadran... qui, heureusement, est trop haut pour lui... il l'aurait déjà... Vous savez bien, encore hier, cette petite montre que M. Gervais m'a fait porter à Moret?...

GEORGETTE.

Pour la faire remettre en état.. parce que le père Job...

MATHIAS.

C'est qu'il ne voulait pas la lâcher.... Et quand il a vu qu'on lui enlevait son passe-temps, ne s'est-il pas avisé de subtiliser la montre de M. Gervais... Dam! puisqu'on ne la retrouve plus...

GEORGETTE, allant à gauche.

Chut! il me semble que j'entends... (Elle entr'ouvre la porte.) Non... il est toujours occupé... et c'est heureux... parce que, malgré le mauvais temps... il aurait voulu sortir, comme tous les jours, pour aller à l'embranchement de la route, attendre quelqu'un qui parte pour l'Italie...

MATHIAS.

Et quand il aurait attendu pour rien... il courrait dans le pays pour chercher des pratiques... c'est son habitude... Il entre dans toutes les maisons... et, quand il n'y a personne... pst! c'est fait... Vous rentrez... vous avez laissé vot' pendule en bonne santé... vous la retrouvez gravement indisposée...

GEORGETTE.

J'ai toujours peur qu'on ne se fâche... Mais on le plaint, ce pauvre père Job... c'est sa seule faiblesse...

MATHIAS.

Et puis M. le maire paie le dégât!... Mais l'autre jour, ç'aurait été bien autre chose,... Il était monté dans le clocher sans qu'on s'en aperçût, et le sonneur l'a arrêté au moment où, au risque de se briser sur le pavé, il allait empêcher le cadran de la paroisse de sonner sept heures....

GEORGETTE.

Le fait est qu'il est terrible pour ça. Ah! c'est bien triste tout d'même, allez monsieur Mathias, ce pauvre vieillard; faut que ça soit quelque chagrin caché qui lui ait mis la tête dans un pareil état! Mais j'oublie qu'il faut que je sorte... et puisque vous voilà, vous seriez bien aimable de garder un instant la maison... J'ai là de l'ouvrage à reporter à la mère Simon...

MATHIAS.

Comment donc? Aussi bien faut que j'attende M. Gervais... j'ai là, comme d'habitude, quelque chose à lui remettre... (A part.) et à lui demander...

GEORGETTE.

C'est ça!... (Prenant son ouvrage.) Au revoir, monsieur Mathias...

MATHIAS.

Au revoir, mam'selle Georgette!...

GEORGETTE.

Surtout si le père Job quitte son travail... empêchez-le de toucher au coucou... et de sortir, si vous pouvez... car ce soir il fait un temps... Enfin, agissez pour le mieux... mais ne le contrariez pas...

MATHIAS.

Moi! au contraire... je lui ferai la cour pour n'en pas perdre l'habitude...

GEORGETTE.

AIR : Qué faut-il faire, de grâce? (Cicily.)

Je pars, car le temps me presse,
Et je reviens de ce pas ;
Sur lui veillez bien sans cesse.
Surtout ne l'irritez pas.

MATHIAS.

Chez l'pèr'Job je vous remplace,
Et quand c't'emploi m'semble doux,
Il faut espérer qu'ma place
Personn'n'la prendra chez vous.

ENSEMBLE.

Partez, car le temps vous presse,
Et revenez de ce pas ;
Sur lui je veill'rai sans cesse
Et je ne l'irritr'ai pas.

GEORGETTE.

Je pars, etc.

SCÈNE III.

MATHIAS, seul.

Est-elle gentille et bonne, cette mam'selle Georgette!... Et au fait, comment qu'elle ne le serait pas... quand on est au service du père Job... un enfant de six ans, quoi!... par momens... car dans d'autres... Ah! quel dommage que sa tête... Il a des caprices si drôles!... et puis pas trois mots de suite... et un regard! Dieu! quel regard! Hein ? je l'entends! (Musique pendant l'entrée de Job.) Me voilà bien... Georgette qui m'a recommandé de lui tenir compagnie... Qué que je vas lui dire à c't'homme... il a une conversation si... décousue... Que c'est bête!... ça me fait pourtant de l'effet!

SCÈNE IV.

JOB, MATHIAS.

JOB, comptant sur ses doigts en entrant.

Deux et deux font trois... et trois font... sept... non... deux et deux font trois et trois... six... pas sept... jamais sept! (Voyant la pendule, il s'en approche, et, s'élevant sur la pointe du pied, il cherche à l'atteindre.) Ah!

MATHIAS, à part.

Allons! le voilà déjà après!

JOB.

Voyez un peu s'il y a moyen... Peut-on avoir été placer une horloge à cette hauteur... Impossible... le balancier va toujours... l'aiguille marche... elle marche vers sept heures.... et.... c'est à sept heures qu'elle doit revenir... Brigitte me l'a dit... Oh! non... non... je ne veux pas...

MATHIAS, à part.

Encore le même refrain...

JOB, frappant du pied.

Ils l'ont mise là tout exprès pour que je ne puisse y atteindre... (Frappé d'une idée.) Oh! mais... je saurai bien... oui... oui... (Il va chercher une chaise et dit tout en la portant vers la pendule.) Je vais la mettre à l'heure... parce qu'elle avance, bien sûr... Il doit être si loin de sept heures!... Je ne veux pas qu'il soit jamais sept heures!

MATHIAS se montrant et voulant lui prendre la chaise qu'il retient.

Un instant, père Job, un instant!

JOB, tirant toujours la chaise à lui.

Tiens! te voilà, toi... Chut! ils n'y sont pas! Écoute!... tu ne le diras à personne... c'est sept heures qu'elle doit revenir... et je ne veux pas qu'elle revienne, entends-tu? je ne veux pas la voir... parce que... Malédiction, n'est-ce pas? ça veut dire malheur... et, si elle revenait, je la maudirais peut-être encore... C'est mal, c'est affreux... maudire!... n'est-ce pas ? Je vais arranger la pendule de manière...

MATHIAS, voulant l'empêcher.

Mais, non, père Job... il ne faut pas...

JOB.

Je te dis que je ne veux pas la voir... que je veux rester le père Job... (S'animant.) Mais de quel droit m'empêcher ?... (Regardant Mathias en dessous, et avec une crainte enfantine.) C'est qu'ils sont les plus forts avec le père Job...

MATHIAS, allant regarder à la fenêtre.

Je donnerais quelque chose pour voir revenir Georgette...

JOB, à part.

Il ne regarde pas de mon côté...

MATHIAS, à la fenêtre, et tourné vers l'extérieur.

Les femmes ont toujours plus d'adresse dans ce cas-là.

ACTE I, SCÈNE V.

JOB, prenant une chaise et la portant près de l'horloge.
Vite !...

MATHIAS.
Mais j'ai le temps d'attendre. La mère Simon, c'est tout au bout du village...
(Job monte, tout en regardant avec crainte si Mathias ne l'aperçoit pas ; puis recule l'aiguille, et se retourne vivement en se frottant les mains avec la joie peureuse d'un enfant qui a fait une malice.)

JOB.
Là !... ça y est !...

MATHIAS, l'apercevant, et restant stupéfait devant Job, qui le regarde sans descendre de sa chaise.
Bien ! la malheureuse n'a pas pu l'échapper...

JOB, descendant.
Ah ! je respire !... je suis plus tranquille... à présent que je suis sûr qu'il ne sera pas sept heures... qu'elle ne viendra pas... Je ne veux pas la voir... puisqu'elle ne peut pas porter la couronne de fleurs d'oranger,... Oh ! non... je lui ai dit... sans la couronne... sans bouquet... (Apercevant celui que Mathias a donné à Georgette.) Qu'est-ce que c'est que celui-là ?... Oh ! mais... c'est celui qu'elle m'apportait autrefois chaque matin...

MATHIAS, à part.
Mon bouquet !...

JOB, rêveur.
Oh ! oui... Et puis... il y avait là une harpe... alors elle chantait... C'était un bien joli air... (Cherchant à se rappeler.)

AIR : Un bandeau couvre les yeux.

Tra la la, la tra la la...
Oh ! non... non... ce n'est pas cela...
Sa voix était si tendre !...
Cette voix dont la douceur
Charmait mon oreille et mon cœur...
Je ne veux plus l'entendre !...

(Regardant le bouquet.) Pourtant... des pervenches... sa fleur favorite... Elle est donc venue ici ?... C'est elle qui a apporté ça ?... (Allant à Mathias.) Voyons, réponds... C'est elle ?... Et cependant... il n'est pas sept heures... il ne le sera jamais...

MATHIAS.
Permettez, père Job... c'est moi, au contraire...

JOB.
Toi !... Ah ! tant mieux.... Oui... c'est juste.... je me disais aussi... ces fleurs-là sont trop belles pour le père Job... beaucoup trop belles...
(Tout en parlant, il effeuille le bouquet brin à brin.)

MATHIAS, à part.
Qu'est-ce qu'il fait donc ?

JOB, continuant.
Des fleurs si belles que ça au père Job... Je n'en veux plus... non... je n'en veux plus...

MATHIAS, à part.
Eh ben !... Voyez un peu comme il a semé mon bouquet... Si ça repoussait encore !.... (Haut.) Mais, père Job, je croyais pourtant que vous aimiez,...

JOB.
Les fleurs ?... oui... je les aime beaucoup.

MATHIAS, à part.
Il y paraît.

JOB.
Et si tu voulais être gentil...

MATHIAS.
C'est dans ma nature, père Job.

JOB.
Eh bien ! écoute... prends une bêche...

MATHIAS.
Que je prenne ?...

JOB.
Et puis tu iras planter tout autour du jardin...

MATHIAS.
Des pervenches ?...

JOB.
Non... oh ! non... pas celles-là... mais ces belles fleurs jaunes que j'aime tant.

MATHIAS, à part.
Nous y voilà ! c'est comme les pendules... il n'en sort pas.

JOB.
Des soucis ! tu sais... j'aime ça...

MATHIAS.
Mais il y en a déjà assez dans vot' jardin ! il n'y a que de ça... Ah ! père Job ! pouvez-vous avoir un goût pareil ?... Ça n'est pas gracieux du tout des soucis...

JOB.
Au contraire, tu ne t'y connais pas... c'est très beau... et puis ça n'a pas l'air de se moquer du père Job... comme les autres fleurs...

MATHIAS, à part.
Enfin, il ne parle pas de sortir... c'est toujours ça... et puis, c'est rassurant pour les horloges du voisinage...

JOB.
Tu iras m'en planter, n'est-ce pas ?... Je vas chercher une bêche... Ce qu'il faut au père Job, ce sont des soucis... et puis Gervais... son ami Gervais... (A part en sortant.) C'est égal... je lui ai fait une fameuse niche !.... Ah ! c'est que je ne veux pas qu'il soit sept heures... je ne veux plus la voir... je ne veux pus la maudire...
(Il sort par la gauche.)

SCÈNE V.

MATHIAS, seul.

Arrangez ça... En voilà encore un original !... — Je ne veux pas qu'il soit sept heures ! des fleurs !... pas de fleurs !... sois gentil... prends une bêche... — En voilà du décousu !... Dans ma position ; j'ai beaucoup couru... eh bien, parole de Mathias, je n'ai encore rencontré personne de ce caractère là. Vrai, ce père Job, il me fait perdre la tête... Justement... tenez... j'oubliais cette lettre pour M. Gervais !... (Il la tire de sa poche.) Si c'était pressé !... Ma foi... c'est pas ma faute... il n'est pas là. En v'là-t-il des timbres de toutes couleurs... comme toutes celles que je vais chercher pour lui au bureau de poste de Moret... Il y en a quelquefois d'un prix exorbitant... celle-ci, par exemple, un franc soixante !... trente-deux sous... vieux style... que j'ai encore avancés... gratis... Il faut qu'elle arrive du bout du monde, (Regardant l'adresse.) Napoli... c'est ce que je disais... c'est dans le nord... très loin... M. Gervais !... oh ! je vais pouvoir...

ooooooooooooooooooooooooooooooooooooooo

SCÈNE VI.

MATHIAS, **LE COMTE**, sous le nom de Gervais.

LE COMTE, entrant sans voir Mathias, et posant son chapeau.
Non... je ne puis rester plus long-temps dans cette incertitude... et mon départ est devenu indispensable... mais comment faire pour quitter ce malheureux père... (Apercevant Mathias.) Ah ! c'est toi ?...

MATHIAS.
Oui, monsieur, et j'ai là pour vous...

LE COMTE, prenant la lettre.
Une lettre ! lisons vite !...
(Il l'ouvre et la parcourt rapidement.)

MATHIAS, à part.
Au fait ! on a le droit de réclamer son dû... et il faut bien enfin qu'il te donne...

LE COMTE, tombant assis et après avoir lu.
Rien encore aujourd'hui...

MATHIAS, à part.
Hein ?... par exemple !... Ah ! mais... je vais me montrer... (Toussant fort et haut.) Hum ! hum ! monsieur...

LE COMTE, brusquement.
Eh bien ! qu'est-ce que c'est ?

MATHIAS.
C'est que... monsieur... c'est que... il ne faut pas vous fâcher... certainement... je n'ai pas eu l'intention... parce que... on sait à qui on a affaire... ça se voit tout de suite... et alors... on ne peut pas se permettre... on attend qu'il plaise à la personne... et puis on dit : ça viendra... un jour ou l'autre, ça viendra... c'est des choses qu'il est inutile de rappeler... Ça fait onze francs dix sous... monsieur...

LE COMTE, se levant.
Comment ?...

MATHIAS.
Y compris celui d'aujourd'hui...

LE COMTE.
Ah ! ça... explique-toi...

MATHIAS, à part.
Voyez-vous la mauvaise volonté qui perce... Décidément je vais me montrer...

LE COMTE.
Voyons, parleras-tu ?...

MATHIAS.
Dam !... onze francs dix sous, ça s'explique de soi-même... le bureau de poste ne fait crédit à personne... c'est au comptant, toujours... et moi qui ai avancé...

LE COMTE, souriant.
Oh ! c'était cela... Que ne le disais-tu plus tôt ?
(Il lui donne deux pièces d'or.)

MATHIAS.
Hein !... que vois-je ?... deux pièces d'or... mais, monsieur, ce n'est qu'onze...

LE COMTE.
Le reste est pour l'intérêt.

MATHIAS.
Ah ! monsieur, je suis confus... vrai, la confusion me monte au visage... je dois être rouge... (A part.) Je n'en reviens pas... qu'est-ce qui dirait ça à le voir ?...

LE COMTE.
Et maintenant, rends-toi à Moret, au bureau des voitures de Genève... Tu préviendras le directeur que je suis prêt à partir... Et dans le cas où l'on aurait disposé de ma place, comme j'en avais laissé la liberté, attendant cette lettre que tu viens de me remettre, tu accourrais m'avertir... alors je partirais à cheval. Au fait, d'ici à Genève...

MATHIAS.
Quoi ! monsieur, vous nous quittez ?

LE COMTE.
C'est bien... fais ce que je t'ai dit...

MATHIAS, à part.
Ma foi... à ce prix là... (Haut.) Je cours, monsieur Gervais, je cours... me v'là revenu.

LE COMTE.

AIR : Apportez vos pinceaux. (Le Vendu.)

Profite des instans,
Pars et fais bien diligence ;
Avec impatience,
Songe surtout que j'attends.

MATHIAS, seul.
Ma vitesse est surprenante,
Rien n'égale mon ardeur ;
Quand je suis lancé, je m'vante
De surpasser la vapeur.

ENSEMBLE.
Profitant des instans,
Je pars et j'fais diligence ;

ACTE I, SCÈNE VIII.

Je vole et je m'élance,
A vos ordres je me rends.
              LE COMTE.
Profite, etc.
                    (Mathias sort.)

SCÈNE VII.
LE COMTE, seul.

Oh! oui... il faut que je parte... car je ne puis vivre davantage dans cette anxiété qui me tue... Et ce malheureux vieillard... cachons-lui bien... car je suis son seul ami... Heureusement il ne me reconnaît pas... et personne ici... excepté le respectable maire du pays, auquel je me suis confié, ne sait mon véritable nom... (Regardant à gauche.) Il est là, sans doute... livré à ses occupations habituelles... Ma pauvre montre a eu le sort des autres... Il n'a qu'une idée fixe, et le reste... Oh! s'il savait la peine que j'ai eue à le retrouver... Parti de Naples sur les traces de Marianne, désespéré de ne savoir ce qu'elle était devenue, mon premier soin devait être de me rendre à Poligny; et quelle fut ma surprise de ne plus rencontrer dans le château, naguère si animé, que la vieille Brigitte, qui m'apprit tout en larmes la disparition de son maître... Ah! sans la trace de cet argent follement répandu sur sa route, comment aurais-je pu savoir que le père Job était celui que je cherchais?... et quand j'ai vu qu'il s'attachait à moi, comme à une consolation, et qu'il avait oublié mes traits... alors, je suis resté... j'ai vécu près de lui... Quelques mots qui me sont échappés par hasard, lui ont appris que j'ai été aussi abandonné par une femme que j'aimais... plus que ma vie!... Oh! mais celle que nous pleurons tous deux... puisque je ne l'ai pas retrouvée ici... je ne puis l'attendre plus long-temps... et cette lettre d'un ami... me confirme encore dans le parti que j'ai pris... Oui, j'irai de nouveau au devant d'une solution que je crains presque autant que je la désire. (Regardant sa lettre, puis lisant.) « Jusqu'ici toutes nos tentatives sont restées in-
» fructueuses... et pourtant votre famille elle-
» même est désolée d'avoir causé ce malheureux
» événement par ses rigueurs envers vous... »
(S'interrompant.) Oui... remords tardifs... comme toujours!.... (Continuant.) « Tout ce qu'on a pu
» apprendre, c'est qu'elle est partie comme égarée
» et sous le poids d'une fatale préoccupation... elle
» a marché seule du côté de Pouzzoles... puis...
» on a perdu sa trace au sortir de la grotte...
» et tout fait craindre... ». (S'interrompant.) Je tremble aussi de deviner... mais l'espoir me reste encore... elle... si pieuse... elle n'a pu!... Oh! oui, je la reverrai... et, de toute façon, il ne faut rien négliger... mon bon oncle de Genève m'a toujours porté de l'intérêt... n'est-ce pas chez lui que j'ai passé les plus beaux instans de ma vie?... car c'est dans les excursions que je faisais souvent jusqu'à Poligny, que j'eus l'occasion de voir... de connaître... d'aimer Marianne!... Alors déjà mon excellent oncle me soutint auprès de ma famille... et, grâce à lui, j'espérais même que plus tard elle se montrerait moins sévère... N'importe! je dois revoir au plus tôt ce protecteur, cet ami de ma jeunesse... Nous chercherons ensemble les moyens... et, s'il le faut... eh bien! je retournerai jusqu'à Naples... car cette lettre...
      (Il la parcourt tout en réfléchissant.)

SCÈNE VIII.
LE COMTE, JOB.

JOB, entrant une bêche à la main et réfléchissant aussi.

Certainement, mon calcul était juste... Deux et deux font quatre, et deux font... et trois... font six... ça ne peut pas faire sept... la montre va bien à présent... et j'ai trouvé une bonne cachette où je la mettrai... parce qu'on me l'aurait encore prise celle-là... (Haut.) Je t'ai fait un peu attendre, mon garçon, mais me voilà, me... (Il s'arrête en voyant que Mathias n'est plus là et en apercevant le comte. Puis il pose sa bêche comme oubliant le motif qui l'amène, et s'approche curieusement du comte.) Tiens! tu lis une lettre, toi?
            LE COMTE.
Job!   (Il serre la lettre.)
            JOB.
Ah! on t'écrit!... c'est drôle... Je croyais que tu étais comme moi... que tu ne connaissais plus personne... que le père Job et l'ami Gervais devaient être toujours seuls ensemble... ne jamais se quitter...
            LE COMTE.
Rassurez-vous, mon ami... cette lettre... n'a rien qui puisse vous inquiéter...
            JOB.
A la bonne heure... c'est que j'ai toujours si peur de te perdre, vois-tu? Parce que tu me conviens... Tu es bien seul aussi... tu n'attends plus personne... tu ne veux plus voir personne... Car on t'a abandonné comme moi, j'en suis sûr?...
         LE COMTE, à part.
S'il savait le mal qu'il m'a fait!...
            JOB.
Elles seront bien punies toutes les deux, va... parce que je suis là, moi... Et avec le père Job c'est fini... quand il n'y a pas de fleurs d'oranger... il n'est jamais sept heures... Ah! mon parti est bien pris... je suis raisonnable, maintenant... ce

n'est plus comme autrefois, lorsque je n'étais pas le père Job... j'étais fou... Oui ! je voulais avoir de l'or... beaucoup d'or... (Riant.) Ah ! ah! ah ! j'étais bien fou, va !... car avec de l'or, on a des châteaux, de beaux habits, on éblouit ces braves bourgeois de Poligny... on pare sa fille comme une grande dame... et puis les comtes de Morelli viennent chez vous... On est malheureux, bien malheureux...

LE COMTE.
Oh ! oui !...

JOB.
Aussi je n'en veux plus de l'or... je ne veux plus être que le père Job... Oui Job... c'est le premier nom qu'on m'a donné quand je suis venu au monde !... Je n'aurais jamais dû en porter d'autre... Ils sont bêtes... ils disent qu'il était misérable, Job, mon patron... qu'il souffrait... On est pourtant si tranquille quand on est le père Job... Quand j'étais dans l'opulence... je me trouvais souvent misérable... Et, à présent... que je suis dans la misère..... car ils appellent ça la misère... il ne me manque rien... C'est vrai... j'ai là ma petite chambre... avec un lit pour toi à côté du mien... parce que tu ne me quitteras jamais... et puis Georgette... une bonne fille qui me soigne bien, qui vient dès le matin... qui est bien sage... qui obéit bien à sa mère... Aussi elle aura la fleur d'oranger... elle ! Oh ! je suis très heureux, va. Et dire qu'il y a eu un temps où j'ai pu vivre autrement...

LE COMTE, à part.
L'heure de mon départ approche... et je ne sais en vérité comment faire... Georgette qui n'est pas là...

JOB, suivant son idée.
Ah ! dam ! dans ce temps-là, je voulais être riche... faire de ma fille une savante... et de moi... un savant... (Se laissant aller à ses souvenirs.) Elle m'apprenait tout ce qu'on lui montrait... je l'oubliais cinq minutes après... mais c'est égal ! il m'en restait toujours quelque chose !... Moi qui n'avais fait toute ma vie que des horloges, ou mis des montres à l'heure, comme aujourd'hui... et qui avais fini par établir dans tout le pays à dix lieues à la ronde une exploitation en grand... j'étais si fier de pouvoir me regarder comme au-dessus de tous ces comtes de Morelli... que leur naissance seule a fait quelque chose... Ça me faisais rire, moi, misérable fébricant enrichi, de penser... (Changeant de ton.) Eh bien ! tiens, franchement, entre nous... j'ai eu tort. Ils m'ont humilié à leur tour... Un jour... elle m'avoua qu'elle l'aimait... et comme des comtes de Morelli, ces grands seigneurs... il n'y avait plus pour elle de couronne... ni de fleurs d'oranger... et que... malgré ça... elle persistait... alors... moi !...

LE COMTE, l'arrêtant.
De grâce, mon ami !...

JOB.
Oh ! j'ai eu bien tort...

LE COMTE, à part.
En effet... tous deux nous avons été bien coupables !...

JOB.
Je n'aurais pas dû la maudire, vois-tu... Malédiction, c'est malheur. Oui... malédiction... c'est... Elle sera malheureuse toujours... partout... Aussi je ne veux jamais la revoir... parce que je serais dans le cas... Je ne veux pas qu'elle vienne... le père Job n'a plus d'enfant... Mais si je pouvais savoir... où elle est... si je pouvais, par quelqu'un, lui faire dire... C'est pour ça que je vais tous les soirs à l'embranchement de la route... Je finirai peut-être par trouver quelqu'un qui lui dira que je ne veux pas la recevoir... mais que je ne la maudis plus... Eh bien ! je me sentirais plus tranquille ! (Il tombe dans la rêverie.)

LE COMTE, à part le regardant.
Si elle pouvait l'entendre !...

AIR : De votre bonté généreuse.

Peut-être, hélas ! ces mots pleins d'indulgence
Ramèneraient le calme en son esprit ?
Le ciel toujours confirme la sentence
Du père irrité qui maudit !...
Sévère et juste, alors il abandonne
L'enfant coupable au désespoir vengeur...
Mais dès que le père pardonne,
Au repentir le ciel rend le bonheur !

JOB, sortant de sa rêverie.
Après ça... elle doit être si loin... avec ces comtes de Morelli.... car elle a dû partir avec eux... et ils demeurent en Italie... Partir avec lui... quitter son père... Oh ! c'est bien décidé... jamais, jamais... je ne veux la revoir...

SCÈNE IX.

LES MÊMES, GEORGETTE.

LE COMTE, à part.
Georgette ! je pourrai enfin...

GEORGETTE.
Vous m'avez attendu père Job... me voilà... je ne vous quitterai plus d'aujourd'hui... et j'espère que vous-même vous ne sortirez pas... il est tard... à l'horloge de la mère Simon... sept heures.

JOB, se levant.
Sept heures !

LE COMTE, bas à Georgette.
Qu'avez-vous dit ?

GEORGETTE.
Mon Dieu !... j'ai oublié...

ACTE I, SCENE XII.

JOB.
Sept heures !... Je ne veux pas qu'elle entre... Fermez les portes... je ne veux pas... (Ses yeux tombent sur la pendule.) Eh! mais, qu'est-ce que tu dis donc, Georgette?... il n'est pas même midi... Tu m'as fait une peur.

GEORGETTE, à part, après avoir regardé la pendule.
Je comprends... Mathias n'aura pas pu l'empêcher...

JOB.
C'est l'horloge de la mère Simon qui est dérangée. (Allant prendre son chapeau.) Pauvre bonne femme! mon Dieu! et je suis là à m'amuser, quand il y a dans le village une pendule qui marque sept heures, qui va mal... Attendez-moi, mes amis...

GEORGETTE, bas au comte.
Il sort !...

LE COMTE, rapidement.
Ne le contrariez pas...

JOB.
Pauvre mère Simon !... Mais c'est un misérable coucou qu'une pendule pareille !... et je vais lui arranger ça... elle m'en dira des nouvelles... Sept heures !... comme si c'était possible ! Allons vite... (A part, en sortant.) Et puis, en passant, je verrai, à l'embranchement de la route, si je rencontre quelqu'un qui aille en Italie... (Il sort.)

SCÈNE X.

LE COMTE, GEORGETTE.

LE COMTE.
Il fallait bien nous garder de le retenir, mon enfant... Il sert mes projets; car, sans cela, je n'aurais su comment partir.

GEORGETTE.
Partir !...

LE COMTE.
Il le faut... Mon absence ne sera sans doute que de deux ou trois jours.

GEORGETTE.
Vous quittez le père Job?... lui qui s'était habitué à vous!...

LE COMTE.
Il m'en coûte, ma pauvre Georgette... mais, au moins, tu restes près de lui pour le consoler. D'ailleurs, tu lui diras que je dois revenir. Mais, j'attends Mathias... Ah! le voici!

SCÈNE XI.

LES MÊMES, MATHIAS.

MATHIAS, au fond, à la cantonade.
Ah! le père Job! comme il court!... (Descendant la scène.) Ah! monsieur Gervais... on vous a conservé votre place à la voiture, qui part dans une demi-heure...

LE COMTE.
Je n'ai pas un instant à perdre... Au revoir, mes enfans... consolez le père Job... faites-lui prendre patience, et surtout priez Dieu que mon voyage réussisse.

SCÈNE XII.

GEORGETTE, MATHIAS.

MATHIAS.
Priez Dieu... que mon voyage réussisse !... Il part !... Alors je n'aurai plus de ports de lettres à avancer pour lui, moi !... Comprenez-vous quelque chose à ça, vous, mam'selle Georgette ?

GEORGETTE.
Ma foi... j'avoue que je n'en reviens pas...

MATHIAS.
Et puis le pauvre bonhomme de père Job... qui trotte là-bas, malgré la neige qui recommence à tomber.

GEORGETTE.
Et les neiges du printemps sont si pernicieuses pour les vieillards, à ce que dit le médecin...

MATHIAS.
Ça, c'est vrai !...

GEORGETTE, regardant à la fenêtre.
C'est déjà tout blanc... Il aura froid quand il reviendra... et justement je n'ai pas de bois...

MATHIAS.
Eh ben !... est-ce que je ne suis pas là, Georgette... Moi qui irais me jeter au feu pour vous... est-ce que je ne dois pas vous aller chercher du bois ?

GEORGETTE.
Oh! vous serez bien gentil !... Là-bas... tout au bout du jardin... vous savez? sous le petit hangar... Vous m'apporterez un fagot..

MATHIAS.
C'est ça... et en revenant, là, tous deux, en nous chauffant... je vous raconterai encore quelque chose de M. Gervais... au sujet!... Figurez-vous que cet homme, qui n'avait pas le sou, soi-disant...

GEORGETTE.
Eh bien! eh bien!... et mon bois?

MATHIAS.
Je le porterai, Georgette... je le porterai, vot' bois...

GEORGETTE.
Pendant que vous y serez, n'est-ce pas? vous ferez deux ou trois fagots...

MATHIAS.
Deux ou trois... Je me mettrai en quatre...

BERTRAND L'HORLOGER.

GEORGETTE.
Allez donc...
MATHIAS.
Me v'là revenu, Georgette, me v'là revenu.
(Il sort.)

SCÈNE XIII.
GEORGETTE, puis MARIANNE.

GEORGETTE.
Pauvre garçon!... je crois vraiment qu'il fera un bon mari... (On entend frapper au fond.) Hein?... qu'est-ce qui peut frapper à cette heure-ci?... (On frappe un second coup.) Encore...
UNE VOIX, en dehors.
Par pitié?
GEORGETTE.
Par pitié!... C'est donc un malheureux? Ouvrons vite!...
(Elle va ouvrir, et Marianne paraît. Elle est vêtue en jeune paysan, et porte un petit paquet au bout d'un bâton de voyage.)
MARIANNE, ôtant son chapeau.
Pardon, ma bonne demoiselle!
GEORGETTE.
Comme il est jeune!...
MARIANNE.
Mais je suis si fatigué...
GEORGETTE, avançant un siège.
Je crois bien... voyager ainsi.. à pied... par le mauvais temps... (A part.) Il a l'air si délicat. (Haut.) Reposez-vous là...
MARIANNE, s'asseyant.
Merci, mademoiselle...
GEORGETTE, le débarrassant.
Donnez-moi votre chapeau, et puis.. (Elle lui prend aussi son paquet avec le bâton et va tout porter à l'autre extrémité.) C'est ça... A présent... vous trouvez-vous mieux?...
MARIANNE.
Oh! sans doute... Vous êtes un ange... et si j'osais maintenant... un verre d'eau...
GEORGETTE.
Certainement..... mais vous avez peut-être faim?...
MARIANNE.
Non... un verre d'eau seulement...
GEORGETTE.
Tout de suite... (A part, remplissant un verre.) Mon Dieu!... on dirait qu'il grelotte.. (Haut.) Tenez, tenez, monsieur...
MARIANNE, après avoir bu.
Dieu vous récompensera, ma bonne demoiselle...
GEORGETTE, à part, allant poser le verre.
C'est qu'il est gentil au possible...
MARIANNE.
Ah! cela m'a remis...
GEORGETTE.
Il fait bien froid... et de l'eau, ça n'est pas trop réchauffant... Vous tremblez...
MARIANNE.
Ce.. n'est rien..
GEORGETTE.
Rien... C'est égal.. un peu de feu vous fera du bien.. Approchez-vous.. (A part, animant le feu.) Et Mathias qui ne revient pas!... Qu'est-ce qu'il fait donc avec ses fagots?...
MARIANNE, s'approchant de la cheminée.
Tant d'attentions!... Dans la route que je viens de parcourir, on m'y a si peu habitué...
GEORGETTE.
Il y a donc déjà long-temps que vous voyagez?...
MARIANNE.
Oh! oui!...
GEORGETTE.
Et sans être trop curieuse, vous venez?
MARIANNE.
De bien loin...
GEORGETTE.
A pied?
MARIANNE.
Aussi.. je ne puis aller qu'à petites journées... et il me reste encore beaucoup de chemin à faire avant d'arriver...
GEORGETTE.
Comment ferez-vous?
MARIANNE.
Hélas! je ne sais comment j'ai fait déjà? sans appui, sans protection... forcé de marcher dans la saison la plus terrible pour les voyageurs... à chaque instant menacé d'être englouti sous l'avalanche.. enfin, en butte à tous les malheurs.... Et pourtant j'ai là quelque chose qui me pèse encore plus...
GEORGETTE.
Mais, à votre âge, on ne peut avoir rien de bien grave à se reprocher, et cependant, pour vous mettre en route tout seul, par ces temps affreux, il faut que des motifs bien importans...
MARIANNE.
Oh!... oui!...

AIR du fil de la Vierge, de Loïsa Puget.
Un sévère devoir, dans ce triste voyage,
 Jusqu'à la fin
Soutient mes pas tremblans, ranime mon courage
 Dans le chemin!
Nul ami bienveillant, vers la France chérie,
 Ne me guida,
Le malheur, seul, hélas! compagnon de ma vie,
 Est toujours là!

ACTE I, SCÈNE XIV.

DEUXIÈME COUPLET.
GEORGETTE.
Vers le ciel, cependant, quand monte la prière
　　Ah! notre cœur,
Plus calme, espère encore, et l'espoir sur la terre,
　　C'est le bonheur!
MARIANNE.
Aucun ange du ciel désormais, si je prie.
　　Ne m'entendra,
Le malheur, seul, hélas! compagnon de ma vie,
　　Est toujours là!
C'est que, voyez-vous?... quand on revient comme moi dans un pays...

GEORGETTE.
Ah! oui... je comprends... vous n'avez point reçu de nouvelles de ceux qui vous sont chers, et vous craignez.. On est si malheureux quand on se voit seul au monde...

MARIANNE, avec intérêt.
Est-ce que vous-même?

GEORGETTE.
Oh! non... moi, j'ai ma mère à Moret... je ne suis pas seule... et puis j'ai aussi M. Mathias!

MARIANNE.
Monsieur Mathias?

GEORGETTE.
Mais lui... ça ne peut pas compter...

MARIANNE.
Qu'est-il donc?

GEORGETTE.
Rien... presque rien... mon mari...

MARIANNE.
Vous êtes mariée?

GEORGETTE.
De loin... en perspective.. et pourtant tout était déjà prêt.. ma robe de noces, mon voile... et à présent il faut attendre que Mathias ait retrouvé une place de jardinier...

MARIANNE.
Cependant vos parents consentent?

GEORGETTE.
Au contraire... ma mère refuse; parce que l'état de Mathias ne lui convient pas... mais j'espère...

MARIANNE.
Oh! ma chère enfant... songez-y bien.. lorsqu'un père... une mère... n'ont pas béni des nœuds, il suffit de bien peu de chose pour les briser... et tant que M. Mathias ne sera pas votre mari, prenez garde...

ooooooooooooooooooooooooooooooooooooooooo

SCÈNE XIV.

LES MÊMES, MATHIAS.

MATHIAS, qui est entré sur les derniers mots et est resté stupéfait, un fagot de chaque main.
Hein! qu'est-ce qu'il fait donc là, celui-là?

MARIANNE.
Quelqu'un?

GEORGETTE.
C'est lui!... c'est Mathias!

MATHIAS, posant ses fagots et allant à Marianne.
Prenez garde, toi-même, entendez-vous?

MARIANNE, à Georgette.
Qu'a-t-il donc?

MATHIAS.
Georgette, répondez? Quel est cet intrus qui profite de mon absence pour vous insinuer de vous méfier de ma candeur naturelle?

GEORGETTE.
Eh! vous ne savez ce que vous dites... monsieur est un pauvre voyageur égaré...

MATHIAS.
Égaré! (A part.) j'ai bien envie de le remettre dans son chemin, moi!... (Marianne s'assied près du feu et cause avec Georgette.) Ah! ça!... il va donc coucher là!... Dites-moi, mon garçon, est-ce que vous attendez le père Job?

MARIANNE.
Le père Job?...

MATHIAS.
Oui... le père...

GEORGETTE.
Un bon vieillard que je sers et dont la pauvre tête est un peu dérangée...

MARIANNE, se levant.
Vraiment?... je suis encore ici dans l'asile du malheur?

MATHIAS, à part.
Sournois, va... (La contrefaisant.) Dans l'asile du malheur!... En voilà un sournois, par exemple... Oh! je brûle d'envie de le remettre dans son chemin...

MARIANNE, à Georgette, comme suivant une conversation.
Et ce vieillard... est pauvre, dites-vous?

GEORGETTE.
Ce n'est rien encore... si vous l'entendiez parler... il y a des momens où ça fend le cœur...

MARIANNE.
Pauvre homme!

GEORGETTE.
Il n'a pas plus d'ordre dans ses idées que dans ses actions... il dérange tout!...

MATHIAS.
Notamment les pendules!
(On entend au dehors des voix d'enfans qui crient.)
Ah! ah! le père Job!...

MARIANNE.
Quel est ce bruit?

GEORGETTE.
Ah! mon Dieu! (Elle va à la fenêtre du fond.) C'est encore comme tout à l'heure... les enfans des habitations voisines qui le poursuivent de leurs cris, parce qu'il aura voulu...

MATHIAS.
Il n'en manque pas une...
(Nouveaux rires.)
Ah! ah! ah!!
GEORGETTE.
Oui... justement... vous pouvez l'apercevoir d'ici... le voilà nu tête, comme toujours, malgré la neige, là, au milieu de la route... Le voyez-vous?
MARIANNE, près de la fenêtre.
Oui... il se dirige de ce côté... Pauvre homme! un vieillard... à cet âge... être ainsi un objet de risée... Ils n'ont donc pas de respect pour ses cheveux blancs?... (Quittant la fenêtre.) Ah! cette vue m'a fait mal...
GEORGETTE.
Qu'avez-vous donc?
MARIANNE.
Rien, rien, l'aspect de ce malheureux...
GEORGETTE, allant fermer la croisée.
Oh! oui... c'est si triste!...
MATHIAS, à part.
Qu'est-ce qu'ils ont donc?... Mais, c'est comme ça tous les jours...
GEORGETTE, un doigt sur la bouche.
C'est lui!...
(Job entre; Marianne se tient à l'écart près de la cheminée et l'observe, en proie à la plus vive émotion.)

SCÈNE XV.

LES MÊMES, JOB.

JOB, entrant sans regarder personne et riant aux éclats.
Ah! ah! ah! les voilà tous bien attrapés, ces petits mauvais sujets... Ils ont eu beau crier... la mère Simon, surtout..., elle était d'une colère!...
MATHIAS, à part.
Encore quelque tour de sa façon...
JOB.
Je puis dormir tranquille, à présent... sept heures ne sonneront nulle part... (Il s'assied, et changeant de ton.) Tranquille... non... J'ai attendu à l'embranchement... mais je n'ai vu personne... Il fait si mauvais... personne ne part pour l'Italie... Pourtant... malédiction... ça veut dire... et si je voyais quelqu'un... je l'enverrais bien vite vers elle...
(Il laisse tomber sa tête sur sa poitrine, et semblé un instant absorbé.)
GEORGETTE, à Marianne.
Il est presque toujours comme ça...
MARIANNE, à part, sans l'écouter.
Dans un pareil état... dans la misère... Oh! non... ce n'est pas possible... et ma conscience troublée... (Elle s'approche de lui en s'appuyant sur sa chaise, le regarde, et, prête à défaillir en le reconnaissant, jette un cri.) Ah!

JOB, se retournant.
Hein! quel est ce jeune homme?
MARIANNE, à part, chancelant.
O ciel!
MATHIAS, à part.
Qué que ça signifie?
GEORGETTE, à Job lui montrant Marianne.
C'est un voyageur!...
JOB, se levant.
Un voyageur! (A Marianne.) Ah! tu es voyageur, toi? (A Georgette.) Il est gentil tout plein... (A Marianne.) Dis donc, mon garçon, puisque tu as voyagé... tu ne l'aurais pas vue, par hasard?...
MARIANNE, à part.
La force m'abandonne...
JOB.
D'où viens-tu donc, comme ça... d'Italie?... (Marianne fait signe que oui, Job lui saisit le bras.) d'Italie... Oui... c'est là que l'ont emmenée ces comtes de Morelli, et alors... Ah! de grâce! retournes-y, retournes-y tout de suite... je te donnerai tout ce que j'ai... C'est bien pressé... va, car malédiction.... c'est malheur... et depuis ce jour, il est impossible qu'elle ait eu un moment de bonheur!...
MARIANNE, à part.
O vérité qui me déchire!
JOB.
Écoute... quand tu la verras... écoute-moi bien... tu lui diras que je ne veux plus la voir... jamais... parce qu'elle a préféré les Morelli à son père... mais que je retire la malédiction que j'ai fait peser sur elle... que je ne veux pas qu'elle soit malheureuse à jamais...
MARIANNE, à part.
Qu'entends-je?
JOB.
Quant à moi... je puis bien être malheureux... je suis le père Job... avec mon ami Gervais... tous deux... seuls... seuls...
MARIANNE, à part.
Ah! cette situation est horrible... Qu'il me voie, du moins... (Haut, se plaçant devant Job.) Mon père!
JOB, tranquillement.
Qu'est-ce vous me voulez?
MARIANNE, à part.
Oh! mon Dieu!
JOB.
AIR : Le Luth galant.
Pars à l'instant, mon garçon, pars soudain,
Et que le ciel te protége en chemin...
Tâche d'exécuter ce que mon cœur désire.
C'est là tout mon espoir.
Tu n'as rien à lui dire,
Hors, que je ne veux plus... tu comprends... la maudire.
Je ne veux plus la voir!
MARIANNE, à part.
Que faire?

ACTE II, SCÈNE I.

JOB, frappé.

Ah ! j'y pense... Elle ne te croirait pas... Attends... Cette petite montre entourée de perles... celle de sa mère... celle que je lui ai prise le jour où elle s'est enfuie... je veux la lui rendre... Oui... j'ai double raison... (Il cherche dans sa tête.)

MATHIAS, à Georgette.

Qu'est-ce qu'il dit ? La petite montre en perles... Je l'ai portée hier à l'horloger de Moret... Vous savez... il l'avait si bien arrangée.

GEORGETTE, de même.

Bon !... et celle qu'il a prise à M. Gervais... puisqu'il se figure que c'est la même...

JOB.

Où donc l'ai-je serrée ?... Ah ! oui... c'est ça... Attends, attends-moi, mon garçon !...
(Il sort par la gauche.)

SCÈNE XVI.

LES MÊMES, excepté JOB.

MARIANNE, accablée.

Ah ! je n'y résiste plus !...

GEORGETTE.

Mais, qu'avez-vous donc ?... Comme vous êtes agitée ?...

MATHIAS.

C'est vrai, jeune homme !...

MARIANNE, dans le plus grand trouble.

Laissez-moi... Je ne sais... j'étouffe... Il n'y a pas d'air ici...

GEORGETTE, à Mathias, lui désignant la croisée.

Vite, Mathias !...

MATHIAS, à part, en allant ouvrir la fenêtre.

Est-ce qu'il va tomber en faiblesse, le voyageur ?... Qué que ça veut dire ?

MARIANNE.

Au moins... il a retiré le poids fatal qui pesait sur ma tête...

AIR : Le Luth galant.

Mais lui, grand Dieu ! mon coupable abandon
A pour jamais altéré sa raison...
Moi seule, j'ai causé son funeste délire !...
C'en est fait, plus d'espoir,
Il vient de me le dire...
Quoiqu'il ne veuille plus à présent me maudire...
Il ne veut plus me voir.

(Elle tombe assise sans connaissance. La musique continue en tremolo jusqu'à la fin de l'acte.)

GEORGETTE.

Ciel !... (Elle s'empresse auprès d'elle.) Oh ! mais... il est trop serré dans sa veste de voyage... ça le soulagera... (Elle déboutonne un peu la veste.) Grands dieux !... une femme !

MATHIAS, stupéfait.

Une femme !

SCÈNE XVII.

LES MÊMES, JOB, sortant de la gauche, une montre à la main.

MARIANNE, revenant à elle.

Où suis-je ?...
(Elle passe ses mains sur son visage.)

JOB.

Tiens, mon garçon, c'est sa montre... Tu la lui donneras... (Marianne examine la montre avec avidité.) Je l'ai réglée !... elle va bien...

MARIANNE, à part.

Qu'ai-je vu ?... ce chiffre en diamans... cette montre !... c'est la sienne !... Urbain !... Il serait ici !...

JOB.

Elle est excellente !... Je n'ai plus que ce vilain sept à gratter !... parce qu'elle doit revenir à sept heures !... Brigitte me l'a dit...

MARIANNE, à part.

Pauvre père... Mais cette malédiction cruelle... il l'a rétractée !... Urbain !... déjà un premier bonheur... Oh ! mon Dieu !... achevez votre ouvrage !

JOB.

Va !... pars !... porte lui cette montre... Je suis tranquille ; elle ne marquera jamais sept heures.

(Ils sont tous en position.)

SECOND ACTE.

Une salle commune dans un vieux château des environs de Poligny (Jura). Sur le devant, à gauche, une table et un fauteuil. Du même côté, au deuxième plan, une cheminée avec pendule. A droite, en regard une harpe. Porte d'entrée, au fond. Portes latérales.

SCÈNE I.

BRIGITTE, tenant MATHIAS par le bras. Ils entrent du fond et comme continuant une conversation.

BRIGITTE.

Voyons... venez donc par ici... bien vite... nous ne serons pas dérangés, répétez-moi ça... C'est que je n'en peux pas encore revenir... Ainsi, ce pauvre M. Bertrand, mon bon maître, vivait là... tout seul ? presque dans la misère... et on l'appelait le père Job ?

MATHIAS.

Permettez, madame Brigitte.... Voilà trois

quarts d'heure que je parle sans m'arrêter... c'est pénible... J'aurai une extinction...

BRIGITTE.

Je vous demande bien pardon de la liberté que je prends, monsieur Mathias, quoique je ne vous connaisse que depuis hier soir,.. mais j'ai tant besoin de m'entendre raconter tout ce qui regarde M. Bertrand.

MATHIAS.

Madame Brigitte, je me suis levé à quatre heures du matin, au petit jour.... il est cinq heures passées, et je vous ai continuellement narré...

BRIGITTE.

Vous ne savez donc pas ce que c'est qu'une pauvre bonne femme comme moi, habituée à vénérer ses maîtres, à les servir... et qui, tout d'un coup... un jour... les voit partir, sans dire où ils vont... la jeune fille par imprudence.... et le père.... Ah! tenez, monsieur Mathias, vous avez l'air d'un brave garçon et vous devez comprendre ce qu'a souffert la vieille Brigitte, restée seule dans ce château à filer et à mentir toute la journée.

MATHIAS.

Mentir!... c'est un bien vilain défaut pour une femme d'âge...

BRIGITTE.

Mais ne m'a-t-il pas fallu leur faire accroire à tous ces curieux de voisins, que M. Bertrand n'était parti que pour un voyage dont j'ignorais la durée? Et je ne mentais pas alors! Puis que sa fille... Ah! c'était là le plus difficile... il a couru quelques bruits... heureusement ce château est à une bonne lieue de Poligny... un peu isolé... Mais dans tout ça l'essentiel était qu'on crût au retour du propriétaire... qui s'est fait attendre trois mois!... Car voilà trois mois... Ah! dam! ça m'a paru bien long, sans les voir... mam'selle surtout... Elle a perdu sa mère si jeune! c'est moi pour ainsi dire qui l'ai élevée.

AIR : Muse des bois.

Sur mes genoux j'ai bercé son enfance.
Il m'en souvient, écoutant mes leçons,
Elle riait... j'en pleure quand j'y pense...
Où s'endormait au bruit de mes chansons.
Ell' nous quitta... J'priai Dieu d' nous la rendre...
Car à mon âge on doit bientôt finir...
Et quels regrets! si, ne pouvant l'attendre,
Sans la revoir il m'eût fallu partir!

MATHIAS.

Ç'aurait été bien fait pour vous contrarier... je le comprends...

BRIGITTE.

Songez donc... c'est qu'il n'y a pas à dire... je suis restée seule ici... Car les autres serviteurs, avant de s'en aller, monsieur les avait tous congédiés... jusqu'au jardinier...

MATHIAS.

Dont mam'selle m'a déjà donné la place... Et à présent... dès aujourd'hui... je peux épouser Georgette... j'en ai la certitude.. surtout depuis que j'ai vu... hier soir... Oh! je l'ai bien vue, elle ne peut pas dire non... Mais je vous dis tout ça, m'ame Brigitte, comme si ça vous faisait quelque chose.

BRIGITTE

Georgette, c'est cette jeune fille qui soignait monsieur?

MATHIAS.

Elle-même .. elle est gentille, n'est-ce pas? Vous jugez si je dois être content..

BRIGITTE.

Et moi donc! Les voilà revenus... bien revenus... tous les deux, le père et la fille...

MATHIAS.

Grâce à qui?

BRIGITTE.

A mam'selle Marianne, donc.

MATHIAS.

D'accord... ça, c'est elle d'abord... parce qu'elle n'a pas eu plus tôt reconnu son père, que, sans perdre un instant, crac! elle est allée chez M. le maire... lui a tout confié... et le lendemain, dans une bonne carriole bien suspendue... fouette cocher!... C'est moi qui étais le cocher... et je les ai menés bon train...

BRIGITTE.

Comment! la pauvre enfant a voyagé ainsi? sur le siége? dans ce costume!

MATHIAS.

Il le fallait... elle avait peur qu'au milieu de la route, le père Job...

BRIGITTE, avec dignité.

Monsieur Bertrand .. s'il vous plaît.

MATHIAS.

Ah! c'est que là bas, voyez-vous... nous étions tous habitués... c'était lui-même qui nous avait dit qu'il fallait l'appeler comme ça... Mais vous avez raison .. ici, c'est différent... je conçois... et je vous disais donc qu'elle avait peur que le père Job..

BRIGITTE.

Eh bien?

MATHIAS.

Non... non!... M. Bertrand ne s'éveillât, parce qu'au moment du départ, lui, si paisible d'ordinaire .. il était d'une agitation... ça l'a épuisé... et c'est pour ça...

BRIGITTE.

Qu'il dort encore sans doute.

MATHIAS.

Ah! bah! il dort encore? Au fait, il est de bon matin.. Dites donc, m'âme Brigitte, voyez-vous d'ici les drôles de z'yeux qu'il va faire quand il s'éveillera? de retrouver son château, sa fille...

BRIGITTE.

Sa fille!... Elle a passé la nuit auprès de lui... n'osant se montrer... mais veillant sur son sommeil... Eh! justement je crois que c'est elle...

SCÈNE II.

LES MÊMES, GEORGETTE.

MATHIAS.
Arrivez donc, mademoiselle Georgette...
GEORGETTE.
Laissez-moi, monsieur...
MATHIAS.
Encore de la rancune, parce que hier... Figurez-vous, m'ame Brigitte, qu'hier, avant de me coucher, je m'approche par pure galanterie de la chambre qu'on a donnée à mam'selle Georgette, pour lui dire un petit bonsoir à travers la porte... sa clé y était encore... et puis il y avait de la lumière... J'entre tout doucement, attendu que j'avais à lui parler de notre mariage... je croyais la surprendre... et c'est moi qui ai été surpris... Elle y pensait, comme moi... en cachette, à notre mariage... j'en ai la preuve évidente... c'est pour ça qu'elle est vexée...
GEORGETTE.
Du tout, monsieur... Mais est-ce qu'on entre comme ça dans une chambre?...
MATHIAS.
Chez sa fiancée ! quand la clé y est encore, et la lumière aussi, et qu'on n'a qu'à pousser... D'ailleurs, m'ame Brigitte... je suis resté... je suis resté en extase sur le seuil, à l'aspect ravissant de Georgette devant un miroir...
GEORGETTE, à Brigitte, d'un ton boudeur.
Dam ! je me croyais toute seule...
MATHIAS.
Essayant sa couronne et son voile de fiancée....
Oh ! vous l'avez essayé... vous ne pouvez pas dire le contraire... ça vous allait même très bien ; et puis le reste du costume était là, sur une chaise... et bientôt j'ai entendu prononcer ces paroles, que je n'oublierai jamais : « Voilà pourtant comme je » serai quand j'épouserai Mathias... ce charmant » Mathias !... »
GEORGETTE.
Oh ! vous brodez, monsieur...
MATHIAS.
Elle en convient ! J'ai ajouté : ce charmant Mathias... pour lui faire achever le reste... Vous avez dit : Voilà pourtant, etc... Elle l'a dit mère Brigitte... J'ai senti, à ces mots, mes genoux trembler sous moi... et j'ai poussé une exclamation d'enthousiasme qui m'a...
GEORGETTE.
C'est affreux ! Venir ainsi m'espionner... Ces choses-là devraient être punies très sévèrement...
MATHIAS.
Me punir ?...

BRIGITTE.
AIR : Amis, voici la riante semaine.

Allons, enfans, que chacun d' vous soit sage ;
Songez qu' tous deux bientôt vous s'rez époux...
Pour si peu d' chose, avant le mariage,
Vous disputer !... Plus tard que ferez-vous ?
GEORGETTE.
Eh bien ! alors... monsieur, je vous pardonne.
BRIGITTE.
Embrassez-vous pour finir le débat.
MATHIAS, embrassant vivement Georgette, à part.
Puisque c'est là l' châtiment qu'on me donne,
Je s'rai toujours un profond scélérat...
Oui, je veux être un profond scélérat.
BRIGITTE.
Ciel ! mam'selle...

SCÈNE III.

LES MÊMES, MARIANNE.

MARIANNE.
Ah ! c'est toi, ma bonne Brigitte ? (A Mathias et à Georgette.) Laissez-nous, mes amis...
MATHIAS.
Oui, mam'selle ; j' vas ratisser mes allées... Allons, Georgette, venez un peu voir mon jardin... car cette fois, enfin, je puis dire mon jardin... (Prenant le bras de Georgette.) Et bientôt je pourrai dire : Ma femme !... (Ils sortent.)

SCÈNE IV.

BRIGITTE, MARIANNE.

BRIGITTE.
Eh bien ! mademoiselle, ce cher M. Bertrand ?..
MARIANNE.
Il sommeille encore... Bien tranquille en ce moment... je me suis échappée un instant pour te parler... Puis, je tremble toujours à l'idée de me présenter ainsi tout à coup devant lui... Songe donc, une émotion trop subite serait dans le cas d'aggraver encore son état... car sa persistance à refuser de me voir...
BRIGITTE.
Bon !... malade comme il est, on a des idées... des idées de malade... Mais il guérira un jour.... et alors...
MARIANNE.
Le ciel t'entende !... et me permette de recueillir son pardon... sa bénédiction... Ah ! ma vie entière pour un tel résultat... C'est le seul bonheur que je puisse espérer de mon retour...
BRIGITTE, avec reproche.
Ah ! pourtant, mam'selle...

MARIANNE.

Tu as raison... je suis injuste, ma bonne Brigitte ; j'oublie que déjà, depuis qu'il a rétracté sa malédiction, je t'ai revue... et qu'un hasard bien heureux m'a appris le retour d'Urbain dans ce pays... quand je pensais que, par une juste compensation, il m'abandonnait à son tour... Oh ! j'ai bien souffert, va !

BRIGITTE.

Pauvre enfant !

MARIANNE.

Tu le sais, Brigitte, mon père, devenu par sa persévérance et son industrie le maître de toutes les fabriques de la vallée, parvint rapidement à la fortune et acheta ce château... Tu te rappelles combien il semblait fier d'accueillir des personnes au dessus de notre condition... et quelle satisfaction intérieure il parut éprouver, lorsque le comte Urbain de Morelli lui demanda ma main... Il eût été heureux de l'accorder; mais la prudence ne l'abandonna pas... il voulut le consentement de la famille d'Urbain... Celui-ci ne put l'obtenir... Alors, humilié, irrité trop justement, il fit cesser les visites du comte... mais, habituée à voir en lui l'époux qui m'était destiné, je l'aimais... comme je l'aime encore... et j'osai dire que je ne serais jamais qu'à lui... Tu étais présente, Brigitte... tu fus témoin de cette scène cruelle où mon père furieux... inflexible...

BRIGITTE.

Hélas! oui, dans ce moment votre tête s'exalta... Moi, quand je vous vis sortir, je pensai que vous reviendriez à sept heures, pour le repas du soir... je le disais à monsieur... mais il refusait de me croire... et par malheur... il avait raison...

MARIANNE.

Oh! ne m'accuse pas.. je voulais seulement dire un dernier adieu à Urbain que je devais trouver chez ma vieille cousine... Mais là, comment résister à ses instances... à ses prières... à la certitude qu'il me fit partager qu'en me voyant, sa famille n'hésiterait plus à répondre aux désirs de mon père... à bénir notre union. Que te dirai-je ?.. je fus entraînée... Je le suivis en Italie... aux environs de Naples... où habite sa mère. Là, ce qu'il avait cru si facile, exigea au contraire bien des démarches qui restèrent sans succès... Il me quittait souvent, bien malgré lui, sans doute... mais moi, je restais seule... livrée à mes douloureuses réflexions... Un jour, enfin... son absence se prolongea... et je ne sais alors quel vague sentiment de jalousie vint se mêler dans mon âme au remords d'avoir abandonné mon père... à la douleur d'avoir été maudite par lui... Ma tête se perdit... et, en proie au plus violent désespoir, je me dirigeai vers la mer...

BRIGITTE.

Que me dites-vous là ?...

MARIANNE.

C'était tout près du couvent des dominicains de Castellamare... Un d'eux... au moment où j'allais accomplir mon funeste dessein, un d'eux, que Dieu envoyait sans doute, m'arrêta sur le bord de l'abîme... Je ne pus lui refuser ma confiance... et lorsqu'il m'eut dit que le pardon de mon père m'obtiendrait seul celui du ciel, sa voix était si imposante... le remords parlait si haut dans mon cœur, que, sans mesurer mes forces, je partis... et malgré les obstacles... la fatigue... tu le vois... me voilà près de toi... et de celui que j'ai si cruellement offensé...

BRIGITTE.

Ah ! c'est un bien digne homme que ce dominicain !...

MARIANNE.

Oui... Brigitte... car sans lui...

AIR de l'Angelus.

Au monde j'avais dit adieu,
Hélas ! dans ma folle pensée,
Je voulais retourner vers Dieu ;
Mais par lui j'étais repoussée.
C'était un crime de mourir,
Dieu me disait tout bas : « Espère !
» Pour voir ton père il faut partir ;
» L'enfant ne doit pas s'endormir
» Sans être béni par son père. »

BRIGITTE.

Mais... chut ! je l'entends...

(Elle va au fond.)

MARIANNE.

Oh ! ciel !...

BRIGITTE.

Oui... le voilà qui descend l'escalier lentement, et en regardant autour de lui... d'un air étonné...

MARIANNE.

Je tremble...

BRIGITTE.

Oh ! il ne faut pas qu'il vous voie comme ça tout d'un coup... Tenez-vous là... un peu à l'écart... Je vais chercher quelque moyen...

MARIANNE, entrant par la porte latérale à droite.

Pauvre père !...

SCÈNE V.

BRIGITTE, JOB.

(Il s'arrête au fond, et regarde tout autour de lui avec ébahissement.)

BRIGITTE, à part.

Comment va-t-il recevoir sa vieille Brigitte ?... J'en suis toute tremblante...

JOB.

C'est singulier... Personne... ni Gervais... ni Georgette... Et puis ces escaliers... ce plafond... cette grande maison... Je ne connais pas ça..

moi... Il y a là dessous quelque trahison... Où m'ont-ils conduit... sous le prétexte de retrouver Gervais?.. Oh! mais... je ne veux pas y rester... je veux partir... retourner à la chaumière du père Job... Brrrr... on a froid... ici...

BRIGITTE, timidement.

Monsieur... c'est moi... c'est...

JOB, se retournant.

On a parlé... Une femme!... (Marchant à elle.) Qu'est-ce que vous faites ici... vous?... qu'est-ce que vous me demandez?... Je ne vous connais pas!... Je veux Georgette!... Voyons... répondez donc!... Qui êtes-vous?...

BRIGITTE, tremblante.

Mon Dieu... monsieur... votre vieille Brigitte...

JOB.

Brigitte!... attendez... (Cherchant.) Brigitte... Comment! tu es Brigitte... toi?... Alors... c'est toi qui m'as dit qu'elle reviendrait... que je la reverrais...

BRIGITTE.

Sans doute, monsieur, et bientôt...

JOB, vivement.

Non, jamais! Qu'elle reste là-bas... avec ce comte de Morelli... Je lui ai envoyé un jeune garçon pour lui dire que je lui retirais ma malédiction... mais c'est tout... Qu'elle soit heureuse!... Que me veut-elle encore? Qu'elle me laisse tranquille... moi, le père Job.

BRIGITTE.

Pourtant autrefois...

JOB.

Autrefois... oui... autrefois... Tu m'as dit... attends... tu m'as dit, le matin du jour où elle est partie... elle reviendra... à sept heures. Et depuis, jamais sept heures n'ont sonné pour le père Job... parce que le père Job y a mis bon ordre.

BRIGITTE, s'oubliant.

Est-il possible? Il ne veut plus revoir sa fille!

JOB.

Sa fille! Est-ce que le père Job a une fille? Ce sont les heureux du monde qui ont des Marianne... qui les embrassent le matin en s'éveillant et qui ne les quittent que pour voir sur leur tête le bouquet de fleurs d'oranger... Mais moi... je n'ai plus de fille. (Il s'assied à gauche le devant.)

BRIGITTE, s'approchant de lui d'un ton suppliant.

Monsieur Bertrand!

JOB.

M. Bertrand! Je ne le connais pas... il est mort... Il n'y en a plus de M. Bertrand... Il y a un père Job... et le père Job n'a pas d'enfant... Qu'est-ce que vous venez donc me dire? un enfant! il ne veut pas en voir jamais.

BRIGITTE, à part.

Ça me navre le cœur... et pas moyen à mam'selle de se présenter ainsi devant lui.

JOB, avec impatience.

Eh! bien? encore ici?... quand je veux être seul... ne voir personne.

BRIGITTE.

Seul! (A part.) Essayons... (Haut.) C'est que... c'est qu'il y a là ce petit voyageur...

JOB.

Vraiment? Ce jeune garçon que j'avais envoyé... qui a dû lui parler... lui dire ma dernière... ma seule parole pour elle?...

BRIGITTE, hésitant.

Si vous vouliez... on pourrait... on pourrait le faire venir.

JOB, pensif.

Vraiment, il est là? Oui, tu as raison... qu'il vienne.

BRIGITTE, à part, sortant.

Oh! oui... il faut que je la décide à reprendre ce costume... que nous choisissions un moment... et alors... Oui... oui... c'est une bonne idée...

(Elle disparaît.)

SCÈNE VI.

JOB, seul assis.

Ah! il est ici... tant mieux... je vais lui parler... Il est gentil ce petit bonhomme... et puis il l'a vue... je pourrai savoir... (Tout en parlant, il a regardé de nouveau autour de lui, et se lève vivement.) C'est étrange, je n'avais pas remarqué d'abord cette harpe... ce fauteuil... Est-ce que, par hasard... je serais?... Et tout à l'heure... je me souviens maintenant... cette femme qui me parlait... qui se disait la vieille Brigitte... si c'était... Mais alors cette maison... cette salle... (Avec explosion.) Ils m'ont conduit dans mon château!... Oui... Je disais mon château! (Riant.) Ah! ah! ah! un château au père Job!... Non... une cabane... et du pain noir.

AIR : Un homme peut faire un tableau.

Job avait aussi des palais,
Et ce fut alors que le diable,
Du ciel remplissant les décrets,
Le rendit pauvre et misérable.
Comme lui j'veux être aujourd'hui.
Et puisque Job, sans sou ni maille
Couchait sur le dur'... comme lui,
Moi, je veux coucher sur la paille.

Oui... la paille... c'est une idée... J'en viendrai là aussi... comme mon patron... quand je serai dans mon pauvre petit châlet. Car je ne resterai pas ici... je partirai... je partirai seul... je l'ai déjà fait une fois... et à l'instant... oui... (Frappé.) Oh! mais une idée!... puisque c'est ici... Il doit y avoir de ce côté (Montrant la gauche.) une certaine cham-

BERTRAND L'HORLOGER.

bre bleue... Je veux y entrer... avant de partir... leur dérober... Oui... ce sera un bon tour... et surtout prenons bien garde qu'on ne me surprenne... Ah! (Il cherche à gauche.) Voici la porte... c'est par là...
(Il ouvre la porte avec précaution, et entre comme à la dérobée, en la refermant sur lui. Au moment où il disparaît, entrent Marianne et Brigitte.)

SCÈNE VII.

BRIGITTE, MARIANNE.

MARIANNE.
Mais c'est dans ma chambre qu'il vient d'entrer, Brigitte; qu'y va-t-il faire?
BRIGITTE.
Vous me le demandez? Ah! mam'selle... c'est d'un bon augure... Vous savez bien ce portrait qu'un grand peintre de Lyon fit l'an dernier, et devant lequel, pendant les premiers jours qui suivirent votre départ, il restait des heures entières en contemplation, espérant encore votre retour... Il est là...
MARIANNE, avec joie.
Il serait possible!
BRIGITTE.
Eh bien! où courez-vous ainsi?
MARIANNE.
Par la fenêtre du jardin, ma bonne Brigitte... je pourrai sans qu'il m'aperçoive...
BRIGITTE.
A la bonne heure... mais prenez garde... Et puis songez qu'il attend aussi le jeune paysan.
MARIANNE.
Oh! pour un instant, et dès qu'il entrera... pauvre père! dans ma chambre... près de mon portrait... Ah! s'il m'aime encore... tout espoir ne saurait être perdu. (Elle sort.)

SCÈNE VIII.

BRIGITTE, puis LE COMTE.

BRIGITTE.
Chère enfant! ne la quittons pas... craignons que quelque imprudence... (Le comte paraît.) Ciel! monsieur le comte!
LE COMTE.
Moi-même, ma bonne Brigitte. J'ai couru toute la nuit pour la revoir dès le matin.
BRIGITTE.
C'est vraiment comme un songe.
LE COMTE.
Oh! oui... Mais où donc est-elle? Brigitte, où est Marianne?

BRIGITTE.
Là, près de la chambre bleue où son père est en ce moment. Mais comment se fait-il?
LE COMTE.
En partant, je m'étais dit : Je la retrouverai... oh! oui, je la retrouverai... Mais arrivé à Genève chez mon oncle, il me donna d'abord une lettre de ma mère... Oh! tu sauras plus tard. Puis, le lendemain, comme j'allais me remettre en route pour Naples, je reçus de ce brave maire de Moret l'heureuse nouvelle de tout ce qui s'était passé!... Mais je t'en supplie, cours donc vite la prévenir... tu dois sentir comme il me tarde...
BRIGITTE.
La voici, tenez!...

SCÈNE IX.

LES MÊMES, MARIANNE.

MARIANNE, sans voir personne.
Mon père en larmes... devant ce portrait...
LE COMTE.
Marianne! chère Marianne!
MARIANNE.
Ciel! Urbain! (Elle se jette dans ses bras.)
AIR des Noces de Figaro.
Dieux! c'est toi... c'est toi, bonheur suprême!
LE COMTE.
C'est bien toi... c'est toi, bonheur suprême!
MARIANNE.
Je suis enfin près de ce que j'aime.
LE COMTE.
Je suis enfin près de ce que j'aime.

ENSEMBLE.

Joie extrême!
Le bonheur
Vient enivrer mon cœur (bis).
BRIGITTE.
Joie extrême!
Le bonheur
Vient ranimer mon cœur.
LE COMTE.
Tu daignes donc me pardonner, chère Marianne?
MARIANNE.
Te pardonner!... quand, seule, je suis coupable d'avoir douté de toi... si noble! si généreux!... Car je sais toute ta conduite...
LE COMTE.
Ne parlons plus du passé, Marianne, le présent nous offre tant de consolations... Je me retrouve près de toi... de toi, que j'avais crue perdue pour jamais... Mais quoi!... tu baisses la tête?... tes yeux se remplissent de larmes...
BRIGITTE, avec intérêt.
C'est vrai... vous pleurez...

ACTE II, SCENE X.

MARIANNE.

Urbain! à peine t'ai-je revu, que déjà cette pensée... Il faut nous quitter...

LE COMTE.

Nous quitter! lorsque j'ai là... Oh! mais, j'oubliais... dans mon premier trouble... ma première joie, en te retrouvant... (Tirant un papier de sa poche.) Ma mère... ma mère, enfin... Tiens, le voici... le consentement si désiré! Plus d'obstacles...

MARIANNE.

Plus d'obstacles, dis-tu? quand mon père...

LE COMTE.

Ton père!...

MARIANNE.

Sans son consentement pouvons-nous être l'un à l'autre?

LE COMTE.

Il est vrai... Et dans son état, il est impossible...

MARIANNE, lui prenant la main.

Urbain! du courage... attendons...

LE COMTE.

Ah! tu avais raison... nous voilà presque aussi malheureux... Mais que faire? que résoudre?

BRIGITTE.

Pauvres enfans!... Mais on s'approche... c'est lui...

MARIANNE.

Retirons-nous...

BRIGITTE.

Songez qu'il attend...

MARIANNE.

Oui, oui... ce jeune voyageur... j'aurai du courage... je reste...

BRIGITTE.

Et vous, monsieur le comte, venez, je vous dirai tout...

LE COMTE et MARIANNE.

AIR de Michel Perrin.

Retirons-nous ;
Surtout, silence !
Et prudence !
Espérons tous
Bientôt des instans plus doux.

MARIANNE.

J'entends ses pas,
Vers lui mon cœur s'élance ;
Faut-il ne pas
Pouvoir voler dans ses bras !

ENSEMBLE.

Retirez-vous, etc.

(Le comte et Brigitte sortent.)

SCÈNE X.

MARIANNE, JOB, entrant à pas de loup, et tenant un portrait qu'il cherche à cacher.

MARIANNE, à part.

Je tremble!

JOB, sans la voir.

Là! personne ne m'a aperçu... Maintenant, j'ai ce qu'il me faut... Partons vite, je veux le mettre dans mon châlet... dans ma chambre, et là... je pourrai la regarder toute la journée... je la montrerai à Gervais... Car celle-là, c'est mon véritable enfant... ce n'est pas comme l'autre... qui m'a trahi! abandonné!...

MARIANNE, à part.

Que dit-il?

JOB, avec frayeur.

Hein? quelqu'un... (Il cherche encore à cacher le portrait.) Tiens, c'est mon petit bonhomme... Mais viens donc... approche vite... Eh bien !... tu l'as vue? Hein? Tu lui as parlé?

MARIANNE.

Oui, mon p... oui, père Job... Et si vous saviez quelle a été sa joie, lorsque je lui ai dit que vous ne la maudissiez plus...

JOB.

N'est-ce pas, ça lui a fait plaisir?... Et à moi, donc?... C'est vrai... ça me pesait... vois-tu?... Ah! mon Dieu, oui... ça me pesait... Et alors elle est... elle est heureuse!...

MARIANNE.

Heureuse!... quand elle ne peut plus embrasser son père...

JOB.

C'est juste!... elle ne doit pas être heureuse... Mais le père Job... lui non plus ne devait pas être méchant... Et pourtant... elle l'a forcée...

MARIANNE, hésitant.

Aussi... vous ne la reverrez... jamais?...

JOB.

Jamais... Tu sais bien... je ne voulais la voir qu'avec la fleur d'oranger.. et lorsqu'on suit les comtes de Morelli... lorsqu'on laisse là son vieux père!...

MARIANNE.

Oh! mais... vous ne serez pas toujours ainsi... sans pitié pour celle qui a tant souffert!...

JOB.

Souffert!... Tu l'as remarqué, n'est-ce pas?... Elle est pâle... ses yeux sont fatigués par les larmes... Pauvre malheureuse!...

MARIANNE.

Oh! oui... malheureuse!...

JOB.

Elle n'est plus jolie... peut-être?... Mais je te dis ça à toi... Si tu l'avais connue... quand elle était encore ma fille... si tu l'avais vue alors... Tiens !... j'ai là... et à toi je puis montrer... tu ne le diras à personne, surtout !... Tiens... tiens... regarde... Quel visage d'ange alors... quel sourire !... Et ce regard qui semblait dire : Père ! viens m'embrasser... Et c'était ma fille ! (Avec orgueil.) Hein ? on pouvait en être fier, n'est-ce pas ?... Et penser que maintenant il faut rougir, se cacher; qu'il faut être... le père Job !...

MARIANNE.

Oh ! ciel !...

JOB.

Eh bien ! qu'en dis-tu... hein ?... Ah ! dam ! aujourd'hui... il ne doit plus ressembler... Ah ! si tu avais pu la voir... l'entendre surtout... lorsque le matin... quand elle m'avait apporté des pervenches... là... sur la harpe... elle me chantait ce vieil air... Attends... je me rappelle... je crois... tra la... la... la... et dire que ça ne me revient pas...

MARIANNE, à part, allant à la harpe.

Si je pouvais... (Haut.) Je vais essayer... père Job...

JOB.

Oui... essaie... Ah ! cette pendule... je ne l'ai pas encore réglée .. et il me semble qu'elle va bientôt marquer sept heures... elle viendrait nous surprendre... et je ne veux pas... (Elle joue la ritournelle. Il s'arrête.) Oh ! ciel !.. qu'entends-je?... cet air... Mais les paroles... il y avait des paroles...

MARIANNE.

Je vais encore essayer, père Job...

AIR : Quand le bien-aimé reviendra.

Où donc est-il ? cruel tourment !
Ainsi dans sa douleur amère,
En tous lieux cherchant son enfant,
S'écriait une pauvre mère.
Frayeur mortelle !
Sa voix l'appelle !
Hélas ! hélas !
Son fils chéri ne répond pas !

JOB, l'interrompant.

Sa fille, hélas ! ne répond pas !

(Pendant le chant, il s'est tourné peu à peu du côté du portrait.)

Cette voix !... il me semble... que ce portrait... que c'est lui qui chante... Encore... encore... (Marianne prélude.) Ah !

(Il écoute, les yeux fixés vers le portrait.)

MARIANNE.

Même air.

Long-temps elle attendit en vain...
Elle attend, pauvre mère, encore...
Ah ! dit-elle chaque matin,
Rendez-le moi ! Dieu que j'implore.
Douleur mortelle !
Ma voix l'appelle !
Hélas ! hélas !
Mon fils chéri ne revient pas.

JOB, parlé.

Non ! non ! non !

(Chanté)

Ma fille, hélas ! ne revient pas.

Non... non... non. . je ne veux pas qu'elle revienne... je ne veux pas !... Et pourtant... ce que je viens d'entendre... Elle est ici... elle !..

MARIANNE, s'approchant de lui.

Qu'avez-vous donc ?...

JOB.

Ah ! c'est toi !.. il m'avait semblé... mais non... (Regardant la pendule.) Mes yeux sont troublés... Il n'est pas sept heures... n'est-ce pas ?...

MARIANNE.

Non !... oh ! non !...

JOB.

Bien !... mais... pourquoi es-tu venu me chanter cette romance... toi ?... Pourquoi l'imites-tu si bien ?... Pourquoi lui ressembles-tu ?... Réponds... mais réponds donc... Pourquoi fais-tu entendre à un père la voix de son enfant, quand il ne veut plus le revoir ?... Va... laisse-moi... je ne veux plus que Gervais... oui... Gervais... parce qu'il est malheureux aussi lui !.. Il a perdu ce qu'il aimait... où est-il donc... Gervais ?... O ma cabane... ma cabane !... je veux y retourner avec lui... y retrouver Georgette... parce que Georgette aura la fleur d'oranger... elle !.. C'est une pieuse fille... qui la mérite... la fleur d'oranger... Et quand elle viendra avec sa couronne !...

MARIANNE, à part, frappée.

Sa couronne !... Est-ce que, moins que jamais, sa raison...

SCÈNE XI.

LES MÊMES, LE COMTE.

LE COMTE, bas à Marianne.

Qu'y a-t-il ?... J'étais inquiet...

MARIANNE.

Silence !... Urbain... de grâce... reste quelques instants... Je ne sais... un espoir incertain... je reviens...

(Elle sort en mettant un doigt sur la bouche.)

LE COMTE, à part.

Quel est son espoir ?... (Il s'approche.)

SCÈNE XII.

JOB, LE COMTE.

JOB.

Ah! te voilà Gervais!... mon bon Gervais... c'est toi!...

LE COMTE.

Oui... père Job... Est-ce que vous ne m'attendiez pas...

JOB.

Oh! si fait!... et avec une impatience... parce que tu me comprends au moins... toi... tu sais que je suis le père Job... Tu souffres aussi... D'ailleurs on t'a abandonné... comme moi... et comme moi... tu ne veux plus... (Le comte se détourne.) Ah! je t'ai deviné... va... Ah! ça... maintenant... allons-nous-en... on est mal ici...

LE COMTE.

Comment?... Est-ce que cette nuit?...

JOB.

Oui... dans ce grand lit... on est trop doucement... un pareil lit au père Job... non!... J'ai trouvé encore une bonne idée... je te dirai ça... Et puis cet autre... avec sa romance... cette romance que j'aimais tant autrefois... (Fredonnant.) Tra, la, la, la... tra, la, la... Tiens! m'y voilà retombé... Allons-nous-en!...

LE COMTE.

Un instant encore...

JOB.

Un instant... où étais-tu donc... pendant si long-temps... que je ne te voyais plus?...

LE COMTE.

Moi, père Job!... je m'étais éloigné.. Une démarche!.. pour... Georgette.. pour son mariage...

JOB.

Georgette!... oui... oui... elle avait bien soin de nous... c'est une bonne fille!... Mais.. son mariage... tu te moques de moi... ça ne se peut pas..

LE COMTE.

Pourquoi?

JOB.

Elle n'a pas encore le consentement de sa mère!...

LE COMTE.

Pardon!... elle l'a...

JOB, vivement.

Je te dis que non... elle ne l'a pas ce consentement... (S'égarant.) On le lui a refusé... et elle est partie... et je l'ai maudite!...

LE COMTE.

Georgette!...

JOB, confondant.

Ah! ah! oui... oui... Georgette!.. C'est que je disais... le consentement de sa mère...

LE COMTE, à part.

Si j'osais... profiter... (Il met la main à sa poche.)

JOB.

Elle ne l'a pas... tu te trompes... Oh! si elle l'avait...

LE COMTE, qui a tiré un papier, le lui présentant.

Le voici, père Job!

JOB, le prenant et l'examinant avec étonnement.

Ah!... c'est ça... le consentement... (Regardant la signature.) Marquise de Morelli!... Oui... oui... Georgette peut se marier.... puisque sa mère.... Marquise de Morelli... sans doute... Qu'elle vienne Georgette et je... (Il s'assied et met le papier sur la table.) Oui.... je la bénirai.... Qu'elle vienne!.... Morelli! Morelli!... C'est drôle comme ma tête est lourde!...

LE COMTE, à part, apercevant Marianne.

Marianne! sous ce costume!...

SCÈNE XIII.

LES MÊMES, MARIANNE et BRIGITTE.

(Marianne a le costume de fiancée de Georgette. Le bouquet, la couronne et le voile baissé sur le visage.)

BRIGITTE, à Marianne.

Du courage!...

MARIANNE, à part.

Ah!... puisse cette dernière épreuve!...

JOB, toujours assis et un peu égaré.

Eh bien! j'attends... Georgette... Pourquoi ne vient-elle pas?...

LE COMTE, allant prendre Marianne par la main.

Elle est là!...

MARIANNE, à part.

Mon Dieu! donnez-moi la force!...

JOB.

Où donc est-elle?...

LE COMTE, conduisant Marianne qui s'agenouille près de Job.

A vos genoux, père Job!...   (Musique.)

JOB.

Bien! mon enfant... très bien!... (L'examinant.) Oui... oui... c'est elle... Voilà pourtant comme elle aurait été... Pourquoi est-elle partie?... Et pourtant cette marquise de Morelli... Enfin, j'ai révoqué ma malédiction... elle doit être heureuse!... Oh! toi, Georgette! tu es une sainte fille!... tu mérites la couronne... et si ton père vivait encore... il serait fier de toi... il te bénirait comme je te bénis en ce moment... (Il élève les mains.) Oh! oui... je te bénis mon enfant... je te bénis! et j'appelle sur ta tête la bénédiction du ciel, qui descend toujours sur l'enfant soumis...

MARIANNE, prête à défaillir.

Mon père!...

(Le comte passe près d'elle, Brigitte s'empresse.)

JOB, reculant sur son fauteuil.

Son père!...

MARIANNE, *soulevant son voile qu'elle rejette en arrière.*

Oh!... je n'y résiste plus... Mon père!...

JOB *la regarde un instant, puis il se lève et l'entraîne vivement devant le portrait; là, il la compare, et la reconnaissant, il la quitte et revient en chancelant tomber sur le fauteuil en jetant un cri.*

Ah!...

MARIANNE, *se jetant sur lui.*

Grands dieux!... il s'évanouit!...

BRIGITTE.

Que faire?

LE COMTE.

Du secours!... de l'air!...

MARIANNE.

Non... le voilà qui rouvre les yeux...

LE COMTE, *entendant la pendule qui commence à sonner.*

Ciel!

(Au premier tintement, Job se soulève à demi et écoute avec anxiété.)

JOB.

Ecoutez!... deux, trois, quatre, cinq, six... sept heures! (*Recevant sa fille dans ses bras et la pressant sur son cœur.*) Marianne!... Marianne!... ma fille!

LE COMTE.

Avec le consentement de ma mère, rien ne s'oppose plus...

JOB.

Il est donc vrai, cet acte solennel!... (*Il le reprend sur la table et lit la signature.*) Marquise de Morelli... (A Marianne.) Ah!... maintenant,.. dis? voudras-tu rester près d'un père dont la raison...

LE COMTE.

Elle est revenue avec le bonheur!

JOB, *à sa fille.*

Avec toi, mon enfant... ne me quitte plus surtout... (*Montrant le comte.*) Comme Gervais..., ou plutôt comme le comte de...

MARIANNE.

Mon père!... toujours à vous... (*Tendant la main au comte.*) et toujours à lui... Nous ne nous séparerons plus...

JOB.

Et cette bonne Brigitte que je ne voyais pas...
(*Il lui tend la main qu'elle embrasse.*)

BRIGITTE.

Ah! il me reconnaît!... maintenant, il est tout à fait guéri!...

SCÈNE XIV.

LES MÊMES, MATHIAS et GEORGETTE.

MATHIAS, *entrant.*

Il est guéri, le père Job!

MARIANNE.

Chut!...

GEORGETTE.

Et mademoiselle qui a mon costume...

MARIANNE, *souriant.*

Je le remplacerai, Georgette, car celui-là, m'est trop cher!...

LE COMTE, *de même.*

Et avec une dot pour assurer votre mariage!...

MATHIAS.

Une dot! O madame Mathias. Ah! monsieur Gervais!... M. le comte Gervais,... car on ne s'y reconnaît plus... disposez de moi pour les ports de lettres.

(Marianne leur faisant signe de se taire, ils se retirent un peu au fond.)

JOB, *prenant Marianne et le comte chacun sous son bras.*

Et maintenant pour soutenir, pour consoler ma vieillesse, j'aurai là deux appuis...

LE COMTE.

Qui ne vous manqueront jamais...

JOB.

C'est égal!... j'ai fait un bien vilain rêve... mais je te regarde Marianne, je serre la main de ton mari... Allons, j'ai bien fait de retirer ma malédiction... le bonheur est revenu... décidément je suis bien éveillé.

FIN DE BERTRAND L'HORLOGER.

Imprimerie de Boulé et Ce, rue Coq-Héron, n° 3.

NOTE POUR LES THÉATRES DE PROVINCE.

Le personnage de Bertrand porte l'empreinte bien distincte de deux cachets différens. La folie chez lui est passée à l'état normal, et dans tout ce qui tient à cet état, c'est-à-dire chaque fois que Bertrand revient à l'idée biblique du *père Job*, la physionomie doit se renfermer dans les bornes d'une bonhomie touchante. Voilà pour la première figure. La seconde s'élargit et peut arriver jusqu'au drame, lorsque Bertrand se rappelle qu'il est père et qu'il a maudit.

Bouffé a saisi ces nuances si diverses avec l'admirable souplesse de talent qu'il apporte dans toutes ses créations ; et s'il était possible à un artiste comme Bouffé d'être supérieur à lui-même, nous dirions qu'il a dépassé dans le rôle de Bertrand ce qu'il a fait de plus complet jusqu'à ce jour. C'est le public, joint à notre propre conviction, qui juge en ce moment.

En conséquence, nous engageons MM. les directeurs de province à regarder le personnage de Bertrand comme un *premier rôle*, et à le faire jouer par l'acteur chargé de cet emploi.

La simplicité et la distinction avec lesquelles mademoiselle Nathalie vient de créer le rôle de Marianne, doivent être les seuls guides de l'actrice qui en sera chargée en province. Nous la prions de faire son possible pour égaler un modèle qu'il est difficile de dépasser.

Ne terminons pas sans un remercîment bien franc à tous les artistes qui ont concouru au succès de *Bertrand l'Horloger*. Entre eux et nous, ils savent bien que c'est au revoir.

(L'AUTEUR.)

FRANCE DRAMATIQUE. — PIECES EN VENTE.

La Seconde Année.
L'Ecole des Vieillards.
L'Ours et le Pacha.
Le Camarade de lit.
Le Mari et l'Amant.
Les Malheurs d'un Amant
Henri III et sa cour.
Un Duel sous Richelieu.
Calas, de Ducange.
Michel et Christine.
Le Mariage de raison.
L'Hom. au masque de fer
La Jeune Femme colère.
L'Incendiaire.
La Vieille.
Le Jeune Mari.
La Demoiselle à marier.
Les Vêpres Siciliennes.
Budget d'un jeune ménag.
L'Auberge des Adrets.
Philippe.
La Dame blanche.
Toujours.
40 ans de la vie d'une fem.
Le Lorgnon.
Bertrand et Raton.
Une Faute.
Le ci-devant jeune hom.
Marie Mignot.
Pourquoi?
Richard d'Arlington.
La Chanoinesse.
Les Comédiens.
L'Héritière.
Léontine.
Le Gardien.
Dominique.
Le Philtre Champenois.
Le Chevreuil.
Le Charlatanisme.
Vert-Vert.
Bruis et Palaprat.
Le Mariage extravagant.
Le Paysan perverti.
Pinto, en 5 actes.
La Carte à payer.
Le Mari de ma femme.
Les Vieux Péchés.
Luxe et Indigence.
Zoé.
Louis XI.
Ninon chez Mme Sévigné.
Robin des Bois.
Marius à Minturnes.
Marie Stuart.
Les Rivaux de lui-mêmes
La Famille Glinet.
Les Héritiers.
Jeanne d'Arc.
Les Maris sans femmes.
L'Assemblée de famille.
Mémoires d'un Colonel.
Le Paria.
Les Deux Maris.
Le Médisant.
La Passion secrète.
Rabelais.
Les Deux Gendres.
Estelle.
Trente Ans.
Le Pré-aux-Clercs.
La Poupée.
La Tour de Nesle.
Changement d'uniforme.
Une Présentation.
Mme Gibou et Mme Pochet
Est-ce un Rêve?
Fra Diavolo.
Robert-le-Diable.
Le Duel et le Déjeuner.
Zampa.
Avant, Pendant et Après.
Les Projets de mariage.
Un premier Amour.
Napoléon, ou Schœn-
brunn et Ste-Hélène.
La Courte-Paille.
Le Hussard de Felsheim.
1760, ou les 3 Chapeaux.
Rigoletti.
Frédégonde et Brunehaut
Gustave III.

Elle est Folle.
L'Abbé de l'Epée.
Un Fils.
Les Infortu. de M. Jovial.
M. Jovial.
Victorine.
Catherine ou la Croix d'or
La Belle-Mère et le Gend.
Heur et Malheur.
Il y a Seize ans.
L'Héroïne de Montpellier
C'est encore du Bonheur.
La Mère au bal, et la Fille à la maison.
Jean.
Les Étourdis.
Valérie.
Faublas.
Picaros et Diégo.
Démence de Charles VI.
Une Heure de mariage.
Madame Du Barry.
Le Chiffonnier.
Le marquis de Brunoy.
Le Voyage à Dieppe.
Les Anglaises pour rire.
Suzette.
Guillaume Colmann.
Les Deux Edmond.
Jeunesse de Richelieu.
Le Père de la Débutante.
L'Avoué et le Normand.
La Juive.
Un Page du Régent.
Les Indépendans.
Les Huguenots.
Mal noté dans le quartier.
L'Idiote, dr. en 4 actes.
Suzette.
Un moment d'imprudence
Un Dîner de Madelon.
Les Deux Ménages.
Le Bénéficiaire.
Malheurs d'un joli garçon
Robert, chef de brigands
Michel Perrin.
Une Journée à Versailles.
Le Barbier de Séville.
Les Cuisinières.
Le Nouv. Pourceaugnac.
Marie.
Le Secrét. et le Cuisinier.
Clotilde.
Bourgmest. de Saardam.
Le Roman.
Le Coin de Rue.
Le Célibataire et l'Homme marié.
La Maison en loterie.
Les Deux Anglais.
Le Mariage impossible.
La Ferme de Bondi.
Werther.
La Prison d'Edimbourg.
La Première Affaire.
La Famille de l'Apothicai.
Don Juan d'Autriche.
L'Enfant trouvé.
Le Poltron.
Le Facteur.
Misanthropie et Repentir
Le Châlet.
Perrinet Leclerc.
Moiroud et Compagnie.
Agamemnon.
Chacun de son côté.
Le Vagabond.
Thérèse.
Sans Tambour ni Tromp.
Marino Faliero.
Fanchon la Vielleuse.
Prosper et Vincent.
Glénarvon.
Le Conteur.
Le Caleb de Walter Scott.
La Dame de Laval.
Carlin à Rome.
Les Deux Philibert.
Les Couturières.
Couvent de Tonnington.
Le Landau.
Une Famille au temps de Luther.
Les Poletais.
Honorine.
Angéline.
La Princesse Aurélie.
Les Petites Danaïdes.
Sophie Arnould.
Un Mari charmant.
Les Deux Frères.
Madame Lavalette.
La Pie Voleuse.
La Famille improvisée.

Les Frères de l'épreuve.
Le Marquis de Carabas.
La Belle Ecaillière.
Les Deux Jaloux.
Les Bonnes d'Enfans.
Farruck le Maure.
Monsieur Sans-Gêne.
Monsieur Chapolard.
La Camargo.
Préville et Taconnet.
Le Bourru bienfaisant.
La Fille de Dominique.
Philosophe sans le savoir
Rossignol.
Deux vieux Garçons.
Bobêche et Galimafré.
Le Planteur.
Jaspin, com.-vaud.
Le Père Pascal.
Nanon, Ninon, Maintenon
Phœbus.
Les Camarades du minist.
Vingt-six ans.
La Canaille.
L'Eclair.
L'Intérieur des Comités révolutionnaires.
La Laitière de la Forêt.
Geneviève la Blonde.
Industriels et Industrieux
Le Pied de mouton.
La Grande Dame.
Passé minuit.
Le Sermont de Collège.
La Vie de Garçon.
La Camaraderie.
Le Commis Voyageur.
Liste de mes Maîtresses.
Alix, ou les Deux Mères.
Harnali, parodie.
99 Moutons et un Champenois.
Un Ange au sixième étage
Frascati, vaud. en 3 actes
La Cocarde tricolore.
La Muette de Portici.
La Foire Saint-Laurent.
Clermont.
Le Pioupiou, v. en 5 actes
Perruquier de la Régence
Le Chevalier du Temple.
Le Mariage d'argent.
Le Camp des Croisés.
Mademoiselle d'Aloigny.
Une Vision ou le sculpteur
Le Bourgeois de Gand.
Le Pauvre Idiot, d. 5 act
Louise de Lignerolles.
L'Homme de Soixante ans
Marguerite.
La Belle-Sœur.
Céline la Créole.
Mademoiselle Bernard.
Précepteur à vingt ans.
Madame Grégoire.
La Cachucha.
Samuel le marchand.
Guillaume Tell, op, 4 a.
Henri Hamelin, dr. 3 a.
Un Testament de dragon
Le Ménestrel, com, 5 a.
Bayadères de Pithiviers.
Peau d'âne, en 4 actes
L'Ouverture de la Chasse
La Vie de Château.
Thérèse, opéra-comique.
L'Obstacle imprévu.
Richard Savage, dr. 5 a.
Le Grand-Papa Guérin.
Le Général et le Jésuite.
La Boulangère a des écus
D. Sébastien de Portugal
C'est monsieur qui paie.
Mademoiselle Clairon.
Ruy-Brac, p. de Ruy-Blas
Une Position délicate.
Randal, dr. en 5 actes.
L'Enfant de Giberne.
Sept Heures.
Un Bal de Grisettes.
Candinot, roi de Rouen.
Françoise et Francesca.
La Mantille.
Les Trois Gobe-Mouches
Postillon franc-comtois.
Mademoiselle Nichon.
Dagubert.

Les Maris vengés.
Une Saint-Hubert.
La Fille d'un Voleur.
Les Sermens.
Le Planteur.
Jaspin, com.-vaud.
Le Père Pascal.
Nanon, Ninon, Maintenon
Phœbus.
Les Camarades du minist.
Vingt-six ans.
La Canaille.
L'Eclair.
L'Intérieur des Comités révolutionnaires.
La Laitière de la Forêt.
Geneviève la Blonde.
Industriels et Industrieux
Le Pied de mouton.
La Grande Dame.
Passé minuit.
Le Pacte de Famine.
Tribut des Cents Vierges
Isabelle de Montréal.
Une Visite nocturne.
Madame de Brienne.
Le Ménage parisien.
Les Brodequins de Lise.
Valentine.
La Belle Bourbonnaise.
Mademoiselle Desgarcins
Passé Midi.
Les Trois Quartiers.
La Nuit du Meurtre.
La Fiancée.
Les Ouvriers.
L'Elève de Saumur.
Carte blanche.
Chantre et Choriste.
Chansons de Béranger.
La Fille du Musicien.
La Rose Jaune.
Les Filles de l'Enfer.
César, ou le Chien du château.
Eustache.
Argentine.
L'Amour.
Fiancée de Lammermoor.
Le Père de Famille.
Bélisario.
Le Débardeur.
La Symphonie.
Sujet et Duchesse.
Ecorce russe et Cœur français.
Un Scandale.
Le Bambocheur.
Le Philtre, opéra.
La Tasse.
Léonide, ou la Vieille.
A Minuit.
Le Coffre-fort.
Fénélon, par Chénier.
Les Machabées.
La Lune Rousse.
L'Amant bourru.
Cartouche, ou les Voleurs
L'espionne Russe.
Les Deux Normands.
Le Soldat de la Loire.
Malvina, ou le Mariage.
Le plus beau jour de la vie
Louise, ou la Réparation
Les Premières Amours.
Le Colonel.
Le Coiffeur et le Perruquier.
La Reine de seize ans.
Kettly, ou le Retour.
La Famille Riquebourg.

Lisbeth, ou la Fille du Laboureur.
La Lune de Miel.
La Correctionnelle.
La République, l'Empire et les Cent jours.
Les deux Forçats.
Quaker et la Danseuse.
Les Enfans d'Edouard.
Yelva.
La Marraine.
La Mansarde.
La Fille du Cid.
Assemblée de Créanciers
Le Soldat laboureur.
Les Cabinets particuliers
Les Deux Systèmes.
La Reine d'un jour.
Régine ou Deux Nuits.
L'Humoriste.
Lénore.
Hochet d'une Coquette.
La Fausse Clé.
Le Secret du Soldat.
La Peur du Tonnerre.
La Neigo.
Le Jésuite.
Les 6 Degrés du Crime.
Les Deux Sergens.
Le Diplomate.
L'œil de verre.
Lautréamont.
Le Code et l'Amour.
Une Jeune Veuve.
La Mansarde du Crime.
Judith.
Madame Ducbatelet.
Le Verre d'eau.
Masaniello.
Je connais les femmes.
La Rose de Péronne.
Deux Sœurs.
La Grâce de Dieu.
La Botte à la Bamboche.
Une nuit au Sérail.
L'embarras du choix.
La Popularité.
Caravage.
Un Monsieur et une Dame
Les Pénitens blancs.
Christine.
Permission de 10 heures
Béatrix, drame.
Voyage de Robert-Macaire.
Comité de Bienfaisance.
Floridor le Choriste.
La Mère et la Fille.
La Fille la Tapissière.
Le Veau d'Or.
Mari et sa Cuisinière.
Le Débutant.
Le Quinze avant Midi.
Deux Dames au Violon.
Le Beau-Père.
La Maîtresse de Poste.
L'Homme Gris.
Le Bureau de Placem.
Les Oiseaux de Bocace.
La Fenille de Pierres.
Le Bon Ange.
Les Economies de Cabochard et Sous-Clé.
Frère et Mari.
Le Bon moyen.
Un Mari de bon temps.
Le Prétendante.
Le Secret du Ménage.
La Citerne d'Albi.
Un Mois de fidélité.
Le Cousin du ministre.
Gabriéla.
Le Caporal et le Paysan.
Les Pontons.
Les Pupilles de la Garde.
Chevilles de Mtre Adam.
Mlle de Mérange.
Péterscott.
La Vie d'un Comédien.
La Chaîne électrique.
Marie.

Nicolas Nickleby.
L'une pour l'autre.
Les Philantropes.
L'oncle Baptisté.
L'Avocat de sa cause.
Les Jumeaux béarnais.
L'Hôtel garni.
Le Voyage à Pontoise
Jeu de l'amour et du hasard.
Le Parleur éternel.
Le Turc.
Mon coquin de neveu.
Jeunesse orageuse.
Edouard et Clémentine
L'Ingénue de Paris.
Un Veuvage.
La journée d'une jolie femme.
L'Anneau de la marquise.
Le petit Chaperon rouge.
Le Dernier Marquis.
Les Deux Voleurs.
La Branche de chêne.
Mathilde.
Brigitte.
C'était moi.
L'héritage du mal.
Le docteur Robin
Le Portrit vivant.
Pierre le Noir.
Le Bourgeois grand seigneur.
Gaetan il Mammone.
Une Chaîne.
Les Diamans de la Couronne.
Le Diable à l'école.
Le duc d'Olonne.
Le Code noir.
Oscar ou le Mari.
Kiosque.
Carmagnola.
La Main de fer.
Le Fils de Cromwell.
Mathilde.
Le Capitaine Charlotte.
Trafalgar.
Magasin de graine d'un
Paquerette.
Marquise de Rantzau.
La Part du Diable.
Un Mari, s'il vous plaît.
Delphine.
Les Jarretières de ma femme.
Quand on n'a rien à faire
Le Roi de Cocagne.
La Nuit aux soufflets.
Duchesse et Poissarde.
Tabarin.
Bertrand l'horloger.

www.ingramcontent.com/pod-product-compliance
Lightning Source LLC
Chambersburg PA
CBHW060622050426
42451CB00012B/2382